旧金山篇
San Francisco

没有我
不知道的美国

THERE'S
NOTHING
I DON'T KNOW
ABOUT
THE USA

丛书主编/江涛 陈超　　本书主编/江涛 王丽丽 鲁秘

石油工业出版社

Such events should be held regularly as they go a long way in fostering friendly ties between children of different nationalities as they get to know each other better through such interactions.

——巴基斯坦驻华大使馆大使 H.E. Masood Khalid

It always puts a smile on my face to see such an inspiring group of youngsters. In my eyes you are true ambassadors of your country that everyone can be proud of.

——荷兰王国驻华大使馆大使 Aart Jacobi

In today's modern world changes are rapid and there is a constant need for adjustment from all of us. Education and willingness to learn are more and more important, so I strongly support your activities to broaden your knowledge about the world, foreign languages and foreign countries.

——斯洛文尼亚共和国驻华大使馆特命全权大使 Marija Adanja

I am very happy to see your efforts on cultivating kids with Chinese and foreign countries' culture. It really helps them to be real ambassadors of tomorrow. Keep up!

——埃塞俄比亚驻华大使馆参赞 Teshome Shunde Hamito

It is a great pleasure to communicate with Chinese kids. To us it is very important to start education about Poland from early age. This way, we hope our two countries will have better and better relations, will understand each other better and will strengthen cooperation in the future.

——波兰驻华大使馆文化处高级专员 Ewa Szkudelska

"The reef of today are the islands of tomorrow." I wish you all the best in your future endeavors.

——汤加王国驻华大使馆大使 Mr. Siamelie Latu

It was very interesting to be in the company of twenty Chinese children, to learn from them and to share with them the history of Ghana and other cultural experience. I must say these children have great future and I hope their teachers will take care of them. My best wishes to you all.

——加纳驻华大使馆公使 Isaac Odame

I would like to express my deep impression by those young students during their visit to our Embassy. It gave me the opportunity to share with them about their ambitious dreams. I hope one day to see them in my country — Bahrain.

——巴林王国驻华大使馆二等秘书 Hashem Kadhem

Cultural exchanges are an integral part of the relations between Finland and China that have reached their 65th anniversary in 2015. Especially the exchanges of children and youth is important as they lay foundation for the future.

——芬兰驻华大使馆新闻文化官员 Mikko Puustinen

It has been our great pleasure to have the Young Ambassadors as our guests at the Embassy during the past years. The enthusiasm and the interest for Norwegian culture the Young Ambassadors have shown have been very motivating and inspiring for me and the staff at the Embassy. We look forward to continue our cooperation on cultural exchange with the Young Ambassadors in the years to come and hope to see you again!.

——挪威王国驻华大使馆文化参赞 Inger Marie Rossing

Thank you very much to come today. I wish you will continue doing great things. And more and more best wishes.

——西班牙文化中心·文化官员 Guillermo

In the name of the Ambassador and all the diplomats of Djibouti Embassy, we are very pleased to have received the students and hope to see all the students next year!

——吉布提驻华大使馆外交官员 Omar

I am very please to have welcomed all of you at the Embassy of Indonesia.
I wish that you all will visit Indonesia and tell your other friends about my beautiful country. I wish you all the best.

——印度尼西亚驻华大使馆社会文化参赞 Santo

The Afghan Embassy wish you a great and promising future!

——阿富汗驻华大使馆官员 Dr. Sharif Popa

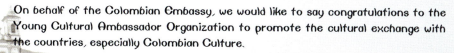

On behalf of the Colombian Embassy, we would like to say congratulations to the Young Cultural Ambassador Organization to promote the cultural exchange with the countries, especially Colombian Culture.

——哥伦比亚驻华大使馆一等秘书Primer Secretario

The United States has many beautiful places to see, and I'm very happy that the Young Cultural Ambassadors are getting the chance to visit these places and learn more about America's history and culture. I hope that you stay curious and keep traveling to new places all throughout your lives. Good luck with your adventures in America and around the world!

——美国驻华大使馆领事处副领事 Nelson Wen

PREFACE

疯玩

　　记忆中学生时代的出游，比较深的一次是读小学的时候，学校组织去岳阳。那一次真叫得上是疯玩，来去都是利用晚上的时间乘船，同学们在船上打升级、聊大天、嗑瓜子。小伙伴们在一起就是开心，不论做什么，忘了白天黑夜，忘了走路爬山，忘了沿途风景，忘了文化历史，当然，之所以记忆深刻，还因为回程的时候，有一个同学可能是太兴奋了，不小心抑或是小心，总之，把船上的抛锚系统给启动了，结果一艘船半夜都还没回来。

　　此后的中小学，甚至大学生涯，还有若干次这种和同学同游的经历，大同小异。打牌、吃饭、打牌、吃饭、打牌、睡觉、打牌，在很长的时间里，我以为出游本该如此，这种野蛮疯玩就应该叫做成长的本色。

傻游

　　印象中，中小学期间还有一种出游方式，就是随同父母旅游。记忆深刻的一次，是去南京、杭州、上海傻游了一圈。报的是个便宜的旅行社，住的是廉价旅馆，晚上要全家起来一起打蚊子。至今对着照片我也想不起来都去过哪儿了。只记得每天都是一大群人，每天很赶，要去很多地方，可是除了照相没有任何我喜欢的活动。当然，这次记忆深刻，还因为有一次迟到了，载我们来的大巴都开动了，父亲不顾危险使劲拍门，我们3人才得以上车，还被导游罚全家鞠躬道歉。

　　此后的中小学，这种傻游，也还有几次。其共性是一天，一大群人，傻坐一天车，傻赶一天路，恨不得屁股坐烂腿走断，傻照一天相，不知道来的是哪儿，为什么要来，反正一天之内去过的景点越多就好像越满足。

　　这种体验使得我后来一直拒绝和家人出游，对于幼小的我来说，除了能吃冰激凌，剩下的就只有"坐牢"的感觉。

疯玩和傻游

　　"疯玩"和"傻游"有的时候是可以结合起来的。前两年，我表侄参加了一个以北京知名大学"励志"为主题的夏令营。最后

一日结营，我爸爸去接他来家玩两天。第二天，爸爸就吐槽说，现在孩子参加夏令营太辛苦了。表侄在营地的最后一天，是这么度过的：早上3点半起床，洗漱后乘车2个小时（住在河北三河，接壤北京东郊）到天安门看升旗；然后到公安大学食堂吃早餐；然后乘车45分钟被叫醒去动物园；中午在北京建筑大学食堂吃午餐；然后乘车1个小时被叫醒去颐和园；然后乘车45分钟被叫醒去空军指挥学院食堂吃晚餐；然后乘车45分钟去林业大学被叫醒开结营仪式。到晚上9点父亲才把孩子接上，45分钟车程后到家，这次没叫醒他，把他搬到床上，一觉睡到了第二天下午4点。问他夏令营都去哪了，看到了什么、玩了什么、学到了什么，一概记不大清楚。但是问好不好玩？答，好玩！下次还参不参加？参加！看，"疯玩"和"傻游"的奇妙组合！

那次表侄的体验对我触动很大，后来跟我堂姐说起来，她很不以为然，说，他们去了好多地方啊！有照片为证啊！我无语了，小朋友和同龄人在一起，当然好玩，玩泥巴也能玩一天，高高兴兴的。然而，仅此而已，至于说到在各大大学食堂的"励志"，说到对京都文化和历史的探寻，我想都是家长们拿着宣传单，念着机构承诺的各种能力提高，在对着孩子们在标志性建筑物前的集体照时的自我想象和心里暗示而已。

研学旅行

2010年我们决定设计一个能够区别于普通才艺和语言类比赛的青少年活动，目的在于通过活动和实践来提高中小学生的综合表达能力和实践动手能力，这个想法得到了中国教育学会领导和专家们的大力支持。这也是"中华文化小大使"活动的起源。至于说，价值体现、运作模式，开始的时候想得并不是很清楚。

2011年的夏天，我们组织了第一次"中华文化小大使"出访美国的活动。当时有36名从北京各区县遴选出来的孩子。在和美国的迪士尼通了36封邮件后，我们成为了第一批到美国迪士尼表演的北京小学生。当时演出的节目叫"美猴王求爱记"，是一个原创的音乐剧，套用现在流行的说法，那是一个从故事创意到叙述技巧，都不失为一个好莱坞电影级别的IP。

演出之余，我们自然是组织孩子们在梦寐以求的乐园里畅玩各种游乐设施。可是，大夏天的，往往一个游乐设施要孩子们等上一个多小时，傍晚回酒店时孩子们都很沮丧，还有很多很多游戏都没有时间玩，全浪费在排队上了。第二天要去环球影城，为了充分利用排队的时间，我们连夜为孩子们设计了一个英语调查活动，名为《美国人眼中的中国》。

活动的大致思路就是让孩子们在排队或是午餐的时候去采访同是排

队或是午餐的当地游客，了解他们心中的中国印象。我们把调查问题分为："您知道的中国城市有哪些？""您知道的中国食物有哪些？""您知道的中国名人都有谁？"等等。为了拔高难度以示区分，我们的最后一个问题是"如果让您选择一个颜色代表中国，您会选哪一种，为什么？"

傍晚回酒店的途中，孩子们就开始叽叽喳喳地比较战果了。一个三年级孩子汇报说，"老师，我的第四个美国朋友说他选红色代表中国。"我漫不经心地问，"好啊，为什么呢？""他说是国旗！中国的国旗是红色的。""有点道理。"我应和了一句，心里却想，大众答案，没什么新意。"他说，最开始他也不知道中国的国旗是红色的，可是在上次奥运会上，好多次中国拿奖牌的时候，都升中国的国旗，慢慢地，他就认为中国的颜色就是红色了。老师，我觉得作为一个中国人，我当时特别高兴，特别自豪！"

……

五年后的今天，当我描述这一段失语的片段时，依然心潮澎湃。谁说孩子只喜欢疯玩？谁说孩子去趟美国，就只会崇洋媚外？谁说中小学生的爱国主义教育工作不好搞？失语中，我仿佛发现一扇大门正缓缓地向我们敞开……

"老师，美国国旗上的星星，随着州的数量的增加，也在增加，好注重领土扩张啊！""是啊，那你们觉得我们应该学习到什么呢？""老师，写封信建议习大大把钓鱼岛画到国旗上。"

"老师，英国人排队，人和人隔得好远啊""还有呢？""他们好安静啊！""还有呢？""他们怎么这么悠闲呢？时间不是金钱吗？"

"老师，看，前面的人红灯过马路！""是中国人吗？""不是！是白人。您看，又有俩，要不要我去提醒他们？"

……

后来的五年。感动我的实践成果实在是太多。

2016 年，教育部基础教育一司印发的《2016 年工作要点》中提出"要加强研学旅行工作"。让我眼前一亮，五年来一直在摸着石头前进的一项工作，被教育部定义了。原来，这个叫"研学旅行"！官方的解释为：由学校根据区域特色、学生年龄特点和各学科教学内容需要，组织学生通过集体旅行、集中食宿的方式走出校园，在与平常不同的生活中拓展视野、丰富知识，加深与自然和文化的亲近感，增加对集体生活方式和社会公共道德的体验，以培养学生的自理能力、创新精神和实践能力。

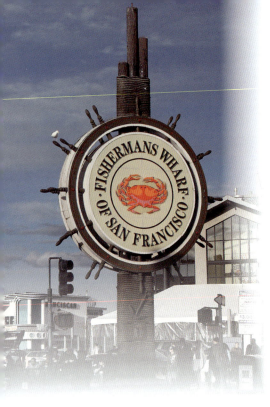

而我个人对"研学旅行"的理解则更为通俗："读万卷书，行万里路！"旅行是过程，研学是目的，过程必须有趣，而目的必须明确。

略有小成的集结

五年来，无论是"小大使"走进使馆，还是"小大使"出访国外，我们都按照"知识与技能""过程与方法""情感态度与价值观"三个维度来精心地设计每一次活动，因而日积月累，攒下了不少被验证过的活动素材，无论是知识性的，还是游戏性的。

我也一直想把这些经验性的东西集结出版，但一直困于具体繁务，也经常用"酒还是陈年的更香"之类的理由拖延启动的时间。直到 2015 年 9 月，我们接受英国文化委员会和英国英语协会的邀请深入调研了英国的很多学校，让我有机会了解了英国的一些活动课程的设计和实施，才促使我下定决心于回国后立即启动开发这套丛书的工程。

目前展示在读者朋友面前的《没有我不知道的美国》系列丛书，是一套专门为中小学生量身打造的环球旅行书中的美国卷。它既是一套可以开阔眼界、学习知识的环球历史、文化知识读本，也是一套环球活动实践手册。

趣味十足，引人入胜。图文并茂，形象生动。
学导为主，讲练结合。篇篇原创，兼顾双语。

以上是我在启动这套丛书时的期望。目前看来，虽然由于时间原因可能局部篇章文字还不够优美，展开的章节也未必符合所有人的口味，但这套丛书基本符合在选题之初设定的各项标准，实为一套良心之作！

还值得一提的是，本套书的前两本洛杉矶篇和旧金山篇，已于 2016 年 1 月在北京第二实验小学参加教育部"千校携手"访美活动中试用，反响良好。

因此，我郑重地向每一位对世界感到好奇、想要未来胸怀世界的中小学生和广大天下望子成龙、望女成凤的家长推荐这套丛书。

是为序。

2016 年 7 月

DIRECTIONS 使用说明

　　《没有我不知道的美国》系列丛书包含四个分册：《没有我不知道的美国　华盛顿篇》《没有我不知道的美国　旧金山篇》《没有我不知道的美国　洛杉矶篇》和《没有我不知道的美国　纽约篇》。

　　本书为《没有我不知道的美国　旧金山篇》，下面将以图示的形式为各位读者一一讲解本书的独特之处和实用意义：

　　第一、章节设定，精心合理。五年来，我们带着大量学生团体经过多次实地考察和运用，筛选出旧金山最知名、最受欢迎且最能让人们了解美国文化、历史的 10 大活动场所。每个场所自成 1 章，全书共 10 章，政治、科学、文化、艺术等领域各有代表。认真学完这 10 章，相信每位读者都会对旧金山以及美国的历史有更深刻的了解。

Contents 目录

Chapter 1 金门大桥 Golden Gate Bridge 1

Chapter 2 渔人码头 Fisherman's Wharf 12

Chapter 3 斯坦福大学 Stanford University 24

Chapter 4 硅谷 Silicon Valley 36

Chapter 5 加州科学馆 California Academy of Sciences 47

Chapter 6 伦巴底街（九曲花街）Lombard Street 56

Chapter 7 旧金山市政厅 San Francisco City Hall 67

Chapter 8 艺术宫 Palace of Fine Arts 76

Chapter 9 优胜美地国家公园 Yosemite National Park 85

Chapter 10 旧金山费尔蒙特酒店 The Fairmont San Francisco 97

　　第二、学导为主，兼顾双语。每章都有 6~10 页是以讲故事的方式介绍与本章主题相关的文化知识和历史事件，诱发读者阅读的兴趣和对知识的渴望。再配以相关的英文句子和名词解释，培养读者双语阅读的习惯并扩充知识储备。

引人入胜的标题，让读者对下面的故事充满期待。

深挖每个专题背后的历史文化。用最简短直观的故事唤起读者的阅读欲望；用最严谨优美的文字培养读者良好的语言表达习惯。

地道纯正的英文句子，培养读者双语阅读习惯。同时，读者还可以借助本页的中文故事和底下的单词注释进行句子翻译练习，充分利用学习资源。

第三、图文并茂，形象生动。从开篇综述到练习结尾，每一页都配有高清美图，不仅帮助读者消除视觉疲劳，而且还能让读者更直观地了解文字所表达的涵义。

第四、原创练习，贴切有趣。 每个章节最后都设置了 3 页左右的原创练习，包括图文搭配题、情景表达选择题、趣味填词游戏、涂色题、动物分类、情感写作等等。这些练习不仅趣味十足，而且贴合孩子的认知和喜好，能激发孩子做题的兴趣。

本书还包含了 10% 的实践题（3~4 题），前面以一个"博士帽"的图标来标示。此类题主要包含实地场景演绎题和采访题，是为了到实地游学的读者而特地设置的，以增强本书的实用功能。同时不去实地旅游的读者也可以根据前面的文字或上网查阅资料或跟父母、老师、同学共同合作来完成，以锻炼自己解决问题的能力和沟通交流的能力。

第五、练习设计，注重能力。 通过对新课程"三维目标"的深度剖析，我们从中总结了其所涉及的 6 大能力培养方向（见下页"6 大能力培养方向一览表"），又据此设计了练习（见目录前页的"6 大能力体现一览表"）。希望各位小读者能根据下面的能力表和自身的条件，有针对性地选取练习题来做，当然能全部做完更好哦；同时，我们也建议父母能参与到孩子的学习过程中来，体验亲子学习的乐趣。

6大能力培养方向一览表

三维目标	立足点	详细解释	对应能力培养
知识与技能	让学生"学会"	即学会知识和技能，知识包括学科知识、意会知识（生活和社会经验中获取的知识）和信息知识（通过多种信息渠道而获得的知识）；技能包括获取、收集、处理、运用信息和知识的能力、创新精神和实践能力、终身学习的愿望和能力。	知识运用能力 创新实践能力
过程与方法	让学生"会学"	也就是注重学习的过程和方式，过程指应答性学习环境和交往、体验。方法包括基本的学习方法（自主学习、探究学习、合作学习）和具体的学习方法（发现式学习、小组式学习、交往式学习）。	动手动脑能力 团队协作能力 沟通交流能力
情感、态度与价值观	让学生"乐学"	即通过声情并茂、积极互动、以身作则的情感和道德教学培养学生的学习兴趣、学习责任、乐观的生活态度、求实的科学态度以及宽容的人生态度，并使学生内心确立起对真善美的价值追求。	沟通交流能力 情感表达能力

最后，我们也真诚地期待读者朋友们能对其中的不足给予批评和指正，以让我们能为大家献上更完美、更实用的知识读本和研学旅行实践教材！

编者
2016 年 7 月

6大能力体现一览表

10大章节	知识运用能力	创新实践能力	动手动脑能力	团队协作能力	沟通交流能力	情感表达能力
Chapter 1 金门大桥		拱桥、吊桥分类配对及填空题	金门大桥涂色及多选题			
Chapter 2 渔人码头	对比45号码头两艘战舰并完成表格		39号码头广告词填空	根据旅游手册推测小伙伴的位置	用英语点餐的单选题	
Chapter 3 斯坦福大学	斯坦福大学基本信息单选题;建筑与相关人物配对题		补充名人信息表格题			
Chapter 4 硅谷	硅谷三大名企信息配对题		硅谷企业商标单选及涂色题;对比中美硅谷并完成表格			给20岁的自己写一封信
Chapter 5 加州科学馆	科学馆基本信息单选题	场馆与对应图片配对题				
Chapter 6 伦巴底街(九曲花街)	九曲花街基本信息单选题;花朵识别单选题		花朵涂色及填空题			
Chapter 7 旧金山市政厅	市政厅历史事件与图片配对题	对比旧金山市政厅与美国国会大厦并完成表格				
Chapter 8 艺术宫		雕像寻找及相关信息单选题	补充展品的中英文名并选出中国的展品			
Chapter 9 优胜美地国家公园		滑雪及攀岩装备分类题	补充动物名称并圈出同类型动物	将文字介绍与景点图片配对,帮助修复残页		
Chapter 10 旧金山费尔蒙特酒店	酒店场所图片与文字介绍配对;有关入住须知的单选题与悬挂的国旗的单选总题					

Contents 目录

大桥的颜色竟是这么来的？/警方居然用"美人计"反恐？/金门大桥像费苦心防自杀！/金门大桥，众望所归！/建桥筹划历经"难产"？/大桥设计方案竟被"偷改"？/建桥等于奔赴鬼门关？/建桥也是一个名利场？

Chapter 1
金门大桥
Golden Gate Bridge
1

Chapter 2 渔人码头 Fisherman´s Wharf

码头上竟有如此奇观？/找到渔人码头，全凭它？/吃货最不能错过什么？/亲手触摸海洋生物，你敢吗？/码头惊现"幽灵船只"？/它就是传说中的超级战舰？/木材商为建码头立了大功？
12

Chapter 3 斯坦福大学
Stanford University

斯坦福大学到底有多牛？/斯坦福出了位太空"木兰"？/"硅谷"是怎样炼成的？/斯坦福小靠 538 美元起家？/胡佛与斯坦福有什么关系？斯坦福建校竟有这样一段历史？斯坦福的成功离不开一个女人
24

Chapter 5
加州科学馆
California Academy of Sciences

"镇馆之宝"竟是个假道具？天价屋顶到底都有啥？天文馆究竟有何秘密？科学馆里竟展出"活人"？科学馆抵制重男轻女？科学馆被迫翻修
47

Chapter 4 硅谷
Silicon Valley

苹果公司最初不卖手机？/谷歌竟然是两名学生创立的？/Intel 的名字竟是这么来的？/硅谷最开始竟是海军军事基地？/有人利用硅谷"中饱私囊"？/"硅谷"名称竟是这样来的？
36

Chapter 8 艺术宫 Palace of Fine Arts

艺术宫演绎"空城计"？/ 艺术宫为钱发愁？/ 它的前身竟是个"临时帐篷"？/ 茅台酒得金奖靠的是"运气"？/ 艺术宫也曾当过"钉子户"？/ 他让艺术宫重现光彩？

76

Chapter 6
伦巴底街（九曲花街）Lombard Street

九曲花街最开始竟然是直的？/ 奇怪，花街上怎么没有花呢？/ 短的街道竟有这么多急弯？/ 司机们很享受"堵车"？/ 花街 1100 号暗藏秘密？/ 一栋房子，两个门牌号？

56

Chapter 9 优胜美地国家公园
Yosemite National Park

瀑布里真的住着女巫吗？/ "新娘面纱瀑布"竟如此神奇！/ 游客的食物怎么不翼而飞了？/ 马车居然能从树中通过？/ 来这里可以玩什么？/ 专家：这怎么可能呢？/ "船长峰"跟船长有什么关系？

85

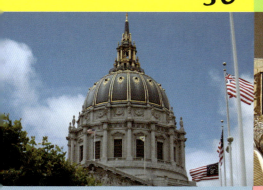

Chapter 7 旧金山市政厅
San Francisco City Hall

政厅，真土豪！/ 女神大爱市政厅？/ 市政厅竟如此放！/ 市政厅挂中国国旗？/ 市长被杀纯属意外？/ 市政厅惨遭抛弃？

67

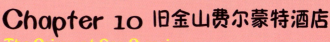

Chapter 10 旧金山费尔蒙特酒店
The Fairmont San Francisco

酒店里竟然天天"打雷下雨"？/ 酒店里居然还有秘密通道？/ 旧金山的市歌是怎么来的？/ 酒店如何在地震中顽强生存？/ 1945 年，这里发生了什么？/ 旧金山又要办博览会了吗？

97

旧金山
San Francisco

  旧金山（San Francisco），又译"圣弗朗西斯科"或"三藩市"，是美国加利福尼亚州仅次于洛杉矶的第二大城市，美国西部最大的金融中心。1769 年西班牙人发现此地，1848 年由美国购得。

  "圣弗朗西斯科"是 1847 年墨西哥人以西班牙文命名的，当时这里的居民只有 800 多人。1848 年这里发现金矿后，移民蜂拥而至，掀起了淘金热，因此这里有"金山"一名。后来，在澳大利亚墨尔本附近又发现了大金矿。所以，为区别这座"新金山"，移民们因此称圣弗朗西斯科为"旧金山"。

  作为世界著名高新技术产业园"硅谷"的所在地及"最受美国人欢迎"的城市，旧金山每天吸引着无数高科技人才和世界各地的游人前往。

金门大桥
Golden Gate Bridge

金门大桥全长约 2.7 千米，是世界上最大的单孔吊桥之一。由于这座大桥新颖的结构和超凡脱俗的外观，它被国际桥梁工程界广泛认为是美的典范，更被美国建筑工程师协会评为 20 世纪桥梁工程的一项奇迹。金门大桥雄崎于加州金门海峡之上，连接旧金山与马林郡，占据重要的交通地位，每天都约有 10 万辆汽车从桥上驶过。作为美国旧金山的标志性建筑，金门大桥每年都吸引着大批游客到此倚栏观日，欣赏旧金山的美景。

大桥的颜色
竟是这么来的?

金门大桥的颜色、桥塔的造型以及塔身的照明方案是由建筑师莫罗设计的。莫罗曾和其他工程师一起，尝试用飞机的银灰色、战舰的灰褐色作为大桥的颜色。他将不同色彩的试件暴露在旧金山湾地区的海洋环境中一段时间，比较它们的色彩效果，最终选择了接近土红色的"国际橘"。他认为这种颜色既和周边环境协调，又可使大桥在金门海峡常见的大雾中显得更醒目。

The color of the bridge is officially[1] an orange vermilion[2] called "International Orange[3]".

1. officially /əˈfɪʃəli/ *adv.* 正式地，官方地   2. vermilion /vəˈmɪliən/ *n.* 米红，朱红
3. International Orange 国际橘

警方居然用"美人计"反恐?

　　金门大桥自 1937 年通车以来，每天都有大量的车辆和行人通过，它也因此成了恐怖分子袭击的对象。据说旧金山警方曾做出一个令世人大跌眼镜的反恐应对方案——雇佣 25 位美女！一旦收到恐怖分子即将制造袭击的消息，就将这些美女安排到大桥上，站在桥边，使那些宗教信仰不近女色的激进分子无法靠近大桥，为警方赢得时间来采取对策。

It was said that the San Francisco Police Department[1] once planned to hire[2] 25 women to protect the bridge against terrorists[3].

1. San Francisco Police Department 旧金山警察局
2. hire /'haɪə(r)/ vt. 雇用
3. terrorist /'terərɪst/ n. 恐怖分子

金门大桥煞费苦心防自杀！

　　自金门大桥建成以来，就不断有人从桥上一跃而下，诀别于世。大桥因此被冠以"自杀圣地"的称号。据说，当自杀人数达到998位时，桥上有两个人相争第1000位，正当他们僵持不下时，旁边突然跳下去了3个人。如何防止人们在此自杀也成为头疼的问题。后来，美国加州通过了一项基金计划，花费7600万美元在金门大桥上安装了防护装置以防止人们自杀。

The Golden Gate Bridge is the second most used suicide[1] bridge in the world.

1. suicide /ˈsuːɪsaɪd/ *n.* 自杀

金门大桥，众望所归！

　　金门大桥修建之前，来往旧金山湾只能依靠轮渡。但随着旧金山的发展，轮渡逐渐无法满足人们的交通需求，于是有人建议修建跨越金门海峡的大桥。1916 年，名为威尔金斯的报纸编辑在他编辑的报纸中，持续呼吁各界关注建设金门大桥的计划。他的文章，唤起了民众对架设金门大桥的兴趣，建桥的呼声也随之高涨起来。随后，旧金山市政府便着手调查修建金门大桥的可行性。

The proposal[1] of a bridge spanning[2] the Golden Gate was again made in a San Francisco Call[3] article by James Wilkins.

1. proposal /prə'pəʊzl/ *n.* 提议，建议　　　　2. span /spæn/ *vt.* 跨越
3. San Francisco Call 《旧金山呐喊报》，又译为《旧金山之声》

建桥筹划历经"难产"？

当时的桥梁工程师们进行了建桥的造价分析，得出至少需 1 亿美元才能兴建大桥的结论。无疑，这样的费用过高，建桥资金无法落实。五年后，桥梁工程师施特劳斯提出了金门大桥的设计方案，估计费用只需 2700 万美元，同时建议以收取过桥费的方式来解决资金问题。出于利益考虑，建桥的提议遭到了轮渡公司的极力反对，但由于陆军部同意建设大桥，反对最终无效。金门大桥的建造计划正式启动。

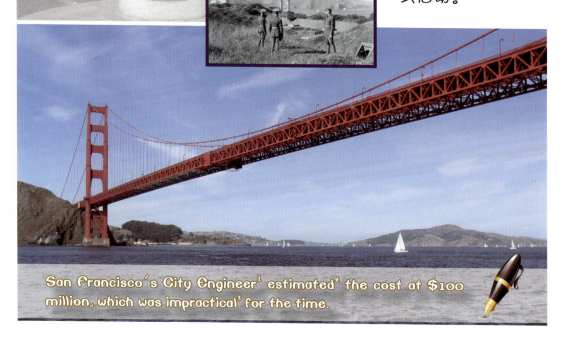

San Francisco's City Engineer[1] estimated[2] the cost at $100 million, which was impractical[3] for the time.

---

1. engineer /ˌendʒɪ'nɪə(r)/ *n.* 工程师   2. estimate /'estɪmeɪt/ *vt.* 估计
3. impractical /ɪm'præktɪkl/ *adj.* 不切实际的，不现实的

大桥设计方案竟被"偷改"？

金门大桥开工后，施特劳斯成为了负责大桥设计和建造的总工程师，他最初的设计方案是将大桥建成悬臂悬吊组合结构。这种方案从视觉角度来看并不合理，于是在当时的金门大桥顾问莫伊塞弗的建议下，施特劳斯改用了悬索桥。虽然施特劳斯曾设计过400多座内陆的小型桥梁，却没有设计悬索桥的经验，因此大桥的设计和建造工作落到了其他工程师身上。

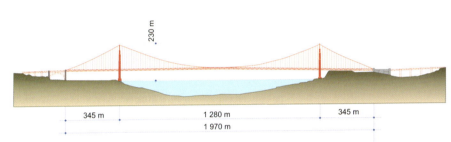

里昂·莫伊塞弗
Leon Moisseiff

Strauss' initial[1] design proposal was unacceptable[2] from a visual standpoint[3].

1. initial /ɪˈnɪʃl/ *adj.* 最初的   2. unacceptable /ˌʌnəkˈseptəbl/ *adj.* 不能接受的
3. visual standpoint 视觉角度

建桥等于奔赴鬼门关？

在金门大桥的建造中，大风暴、雷雨、雾霾持续干扰施工。虽然有总工程师施特劳斯在桥下设置的可移动安全网，大大提高了安全指数，但还是有 11 人殉职。据说，有一次工人高空作业的平台坍塌，工人们掉进了下方的防护网中，在防护网的保护下，有 19 名工人幸存下来。这 19 名工人在获救后，都戏称自己是"鬼门关前走一遭俱乐部"会员。

The Half Way to Hell Club¹ was an exclusive² club organized³ by the men who fell from the Golden Gate Bridge during its construction⁴ and were saved by the safety nets⁵.

1. Half Way to Hell Club "鬼门关前走一遭俱乐部"
2. exclusive /ɪkˈskluːsɪv/ adj. 独有的，专门的   3. organize /ˈɔːgənaɪz/ vt. 组织，规划
4. construction /kənˈstrʌkʃn/ n. 建筑   5. safety net 安全网

建桥也是一个名利场?

除了总工程师斯特劳斯外，这座桥的设计者还包括负责工程技术测量、数据推算等重要工作的工程师埃利斯。但金门大桥的功绩簿里却没有他的名字！原来在建桥前，斯特劳斯竟以两人在建桥经费和时间预算上意见不合为由，将其解雇了（据说是因为斯特劳斯担心埃利斯会抢了自己的光环）。直到大桥"70岁生日"前一天，艾里斯才被正名，得到应有的荣誉。

The Golden Gate Bridge District[1] issued[2] a formal[3] report on 70 years of stewardship[4] of the bridge and decided to give Ellis major credit[5] for the design of the bridge.

1. Golden Gate Bridge District 金门大桥行政区　2. issue /'ɪʃuː/ vt. 发布，发行
3. formal /'fɔːml/ adj. 正式的　　　　　　4. stewardship /'stjuːədʃɪp/ n. 管理工作
5. credit /'kredɪt/ n. 荣誉，赞扬

练习 Exercise

外部颜色
External Color

（答案见第 106 页）

我们知道金门大桥的颜色是"国际橘（INTERNATIONAL ORANGE）"。现在金门大桥需要重新刷漆，小伙伴们赶紧拿起画笔给它重新上色吧！

你知道金门大桥的颜色为什么被设计成"国际橘"吗？（多选）_____

A. 为了衬托出周围的景物。

B. 当时设计者很饿，想吃橘子。

C. 这种颜色能增强金门大桥在雾天里的能见度。

桥梁分类
Bridge Type

（答案见第 106 页）

拱桥和吊桥是最为常见的两种桥梁，以下列举了几座世界上著名的大桥，仔细观察它们的结构，看看哪些桥是拱式桥，哪些是吊桥，并将这几座桥的名称补充完整。

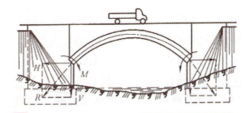

拱桥 Arch Bridge

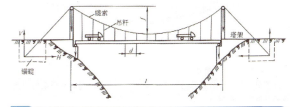

悬索桥 / 吊桥 Suspension Bridge

悉尼海港大桥 _____ Harbour Bridge

金门大桥 _____ _____ Bridge

伦敦塔桥 London _____ Bridge

_____ 大桥 Westminster Bridge

Chapter 2

渔人码头
Fisherman's Wharf

　　渔人码头大致包括从旧金山北部水域哥拉德利广场到 35 号码头一带。在 19 世纪初，它曾是意大利渔夫的停泊码头，如今已变成了购物者的天堂和吃货品尝海鲜的首选地，许多商场和饭店均坐落于此。码头边还有很多摊子专门贩卖渔民们刚捕捞的海产品。渔人码头不仅集购物、美食于一体，还有包括海洋国家历史公园、机械博物馆在内的著名景点吸引着人们前往。在这里，既可学到历史知识，又可观赏美丽风景。

码头上
竟有如此奇观?

　　1989年一场大地震波及了渔人码头,码头因此经历了一次整修翻新。码头边上的一个小海湾里所有的船只都被移走了,随后许多海狮聚集到那里并不断繁殖壮大。海洋哺乳动物中心提议码头管理层将海狮栖息地保护好,另辟地方给船只停泊。码头管理层索性做了很多大浮筏给海狮,让它们在那繁衍生息。现今,一群群海狮慵懒地躺在木板上进行日光浴的景象已成为旧金山的一大奇观。

PIER 39
Harassment of the
Sea Lions is a Violation
of the Marine Mammal
Protection Act.
No Docking,
Approaching, Feeding
or Throwing
Objects Allowed.

There is a sea lion[1] colony[2] next to Pier[3] 39. They "took-up" residence[4] months before the Loma Prieta earthquake[5] in 1989.

1. sea lion 海狮　　　　2. colony /ˈkɒləni/ n. 群居地　　　　3. pier /pɪə(r)/ n. 码头
4. residence /ˈrezɪdəns/ n. 居住,住宅
5. Loma Prieta earthquake 洛马普列塔地震(1989年美国旧金山发生的大地震,震级里氏6.9级)

找到渔人码头，全凭它？

　　渔人码头一带海域盛产味道鲜美的螃蟹、大虾与枪乌贼。渔船每天凌晨起锚出海，下午再收锚回港，总有些好奇的民众会去观看捕鱼收获，甚至向渔民购买海鲜。后来渔民干脆在码头边设立摊位，把捕获的海鲜放在大锅中蒸熟，做成沙拉和巧达浓汤销售，逐渐成为码头一景。时至今日，这些小摊子多半集中在杰佛森街和泰勒街的交汇口，对面广场上也竖起一座以船舵和螃蟹为造型的圆形招牌，成为码头的地标。

Along the neighborhood's "Fish Alley[1]", you can still see fishermen at work, which is always a fun and unique[2] San Francisco experience[3].

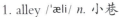

1. alley /'æli/ n. 小巷　　　　2. unique /ju'ni:k/ adj. 独一无二的

3. experience /ɪk'spɪəriəns/ n. 体验，经历

吃货最不能错过什么?

　　在这里除了吃蟹,波丁酸面包工厂也是每一个吃货必须膜拜的去处之一。波丁酸面包工厂是码头附近一栋年代久远的红顶黑墙的法式建筑,是法国移民波丁在淘金热期间建立的。这里制作的酸面包韧性十足,非常受当时工人们的喜爱。据说波丁酸面包最棒的吃法是和蛤蜊汤一起食用。将圆形的酸波丁面包掏空后,盛入奶油蛤蜊汤,将波丁酸面包撕成小块,浸上汤汁,吃起来香浓可口。

Boudin Bakery[1], known for its sourdough[2] bread, was established[3] in 1849 by a French man named Isidore Boudin.

---

1. bakery /'beɪkəri/ n. 面包房　　2. sourdough /'saʊədəʊ/ n. 酵母,酸面团
3. establish /ɪ'stæblɪʃ/ vt. 建立

亲手触摸海洋生物，你敢吗？

海湾水族馆坐落于 39 号码头边缘，重点展示旧金山湾本地的海洋生物，分为发现海湾、海湾之下和触摸海湾三个展区。发现海湾内有多个水族箱，展出海鳗、海湾尖嘴鱼等海洋鱼类。海湾之下是最大的展区，拥有 91 米长的透明海底隧道，从中可以观赏到上万种水生动物。触摸湾可以让你过一把手瘾，各种奇特海洋物种，大到豹鲨、绒毛鲨，小到奇丑无比的蝙蝠鱼、海星，只要你敢摸，他们都会乖乖地给你机会。

Aquarium of the Bay[1] is focused on local aquatic[2] animals from the San Francisco Bay[3] and neighboring waters.

1. Aquarium of the Bay 海湾水族馆
2. aquatic /əˈkwætɪk/ adj. 水生的
3. San Francisco Bay 旧金山湾

码头惊现"幽灵船只"?

SS JEREMIAH O'BRIEN 是二战时著名的"自由舰"型号的武装货舰，参与过诺曼底大登陆的军事行动。二战后，它被保存在位于旧金山苏森湾的幽灵舰队（又名美国国防储备舰队，是美国退役军舰的总称）的舰艇封存场中，长达33年。它是诺曼底登陆战役中幸存下来的少数战舰之一，现停靠在45号码头，从2012年开始，在特定的日期会运转蒸汽引擎，供人欣赏，另外还会不定期进行巡游。

SS Jeremiah O'Brien is a liberty[1] ship built during World War II and named for American Revolutionary War[2] ship captain[3] Jeremiah O'Brien.

1. liberty ship 自由舰，自由轮
2. American Revolutionary War 美国独立战争
3. captain /'kæptɪn/ n. 船长

它就是传说中的超级战舰？

美国海军 USS PAMPANITO 号潜水艇属于"白鱼"级潜艇，建造于 1943 年，是当时的超级战舰之一。它参加过二战，曾 6 次跨越太平洋执行任务，到达过日本、菲律宾、澳洲和中国近海，期间击沉 6 艘日本船只，创伤 4 艘，使得日本海运瘫痪。退役后该潜艇回到了旧金山湾，曾在电影《潜艇总动员》中扮演了 USS 黄鲹鱼号。如今它停靠在旧金山 45 号渔人码头，并对游人开放。

USS Pampanito (SS-383/AGSS-383), a Balao-class[1] submarine[2], was a United States Navy[3] ship, the third one named for the pompano[4] fish.

1. Balao-class 白鱼级（"白鱼"级潜艇为美国海军及英格斯造船厂在 1950 年代所开发的常规动力潜舰）
2. submarine /ˌsʌbməˈriːn/ n. 潜艇　　　　　3. navy /ˈneɪvi/ n. 海军
4. pompano /ˈpɒmpənəʊ/ n. 鲳参鱼

木材商为建码头立了大功？

渔人码头最初是一个只有少数商人及零星捕鲸船出现的港口。1850年代，一位商人为方便自己的木材生意，在这里修建了约170平方米的码头。码头刚建成，廉价的餐馆与酒吧也纷纷落成，生意十分火爆。那时，活跃在渔人码头的多是意大利移民，他们凭借一手好的捕鱼技术，把渔人码头变成了旧金山水产品的集散地。现今，码头的渔业特色渐渐被旅游业所取代，渔人码头也逐渐转变成为商业中心。

Most of the Italian immigrant fishermen settled[1] in the North Beach[2] area close to the wharf and fished for the local delicacies[3] and the now famed[4] Dungeness crab[5].

1. settle /'setl/ vi. 定居   2. North Beach 北滩（旧金山东北部的一个街区，毗邻唐人街和渔人码头）
3. delicacy /'delɪkəsi/ n. 美味佳肴   4. famed /feɪmd/ adj. 著名的
5. Dungeness crab 丹金尼斯大海蟹，珍宝蟹，太平洋大蟹

Exercise
练习 美食
Delicious Food

（答案见第106页）

到了渔人码头，你和小伙伴们来到当地著名的美食餐厅，打算一饱口福。那么，你跟小伙伴们在点餐时，该如何用英语表达自己的想法呢？

1

来到一家海鲜餐厅，你想向服务生询问当日的特色菜，你会说？

A. Would you like to order, now?

B. What would you like to eat?

C. What is today's special?

2

来到一家海鲜餐厅，你想让服务生给你推荐一些菜肴，你会说？

A. Which do you prefer, Chinese food or Western food?

B. What do you recommend?

C. What's your favorite food?

3

来到波丁酸面包工厂，你想点这里著名的酸面包，你会说？

A. I'd like to order a loaf of sourdough bread.

B. Today we have chicken noodle and tomato soup.

C. Give me a cup of coffee, please.

20

39 号码头
Pier 39

（答案见第 106 页）

下面是 39 号码头的广告词，请小伙伴们按照横线下面的提示，说出自己想到的任意一个词，然后把词填到空格中（注意先不要看全部文字哦）。然后大声朗读整段文字，包你哈哈大笑！

欢迎来到 39 号码头

美丽的港湾，停泊的① _____，碧海蓝天海鸥回旋，踏着唧唧作响的木头阶梯，
　　　　　　　　（一种交通工具）

微② _____的海风拂面。③ _____的海狮懒洋洋地躺在漂浮的木板上，偶尔会
　（一种味道）　　　　　（形容词）

发出像④ _____一样的叫声；美食摊前蒸着丹金尼斯⑤ _____的香气，弥漫在
（一种憨态可掬的动物）　　　　　　　（一种张牙舞爪的海洋生物）

空中；街头艺人轮番搏命演出，带来⑥ _____送走忧愁；伴着七彩的灯光、俏
　　　　　　　　　　　　（一种情绪）

皮的音乐，小朋友最爱的⑦ _____转起来了。
　　　　　（carousel 的中文名）

Exercise
练习

45 号码头
Pier 45

（答案见第 106 页）

以下是停泊在 45 号码头的两艘战舰 USS PAMPANITO 和 SS JEREMIAH O'BRIEN 的详细参数。请结合参数，和小伙伴们一起完成下面的表格。

USS Pampanito	SS Jeremiah O'Brien

VS

名称 Name	类型 Type	长度 Length	横梁 Beam	速度 Speed	武器 Armament
USS Pampanito	潜水艇 (submarine)	94.95 m	8.31 m	水面 37.50 km/h 水下 16.21 km/h	鱼雷（torpedo） 50 口径甲板炮（deck gun） 大炮（cannon）
SS Jeremiah O'Brien	自由轮 (liberty ship)	134.57 m	17 m	20 km/h	38 口径的枪（gun） 50 口径的枪（gun） 厄利康高射炮（anti-aircraft gun）

问题（Questions）	USS/SS	原因（Reasons）
1、如果上级派给你一项紧急任务，需要尽快赶往目的地，你会选择哪种战舰？	_____	USS 的水面最大速度是_____，而 SS 的最大速度是_____。
2、如果上级需要你到水下去侦察敌情，你会选择哪种战舰？	USS	USS 是_____类型的战舰，而 SS 是_____。
3、如果想要击垮敌人的空中战斗机，你会选择哪种战舰？你会利用这艘战舰上的什么武器来击败敌人？	_____	_____上的厄利康高射炮主要用于攻击飞机、直升机和飞行器等空中目标；而_____上的_____是一种水中兵器，主要用于攻击水面的舰船和潜艇。

Exercise 练习

其他景点
Other Attractions

（答案见第 106 页）

有三个小伙伴在渔人码头走散了，不知道自己在码头的哪个位置。你有一本旅游手册，请结合三位小伙伴描述的景象，根据旅游手册推测其所在位置。

A 机械博物馆 Musée Mécanique

B 蜡像馆 Wax Museum

1 我看到了很多古老的船舶，一个游客中心，一个海事博物馆和一个图书馆。

2 在这里我看到了拿破仑、伽利略、爱因斯坦以及比尔·盖茨的蜡像，它们都非常的逼真。

3 我从未见过如此多的机械设备和机械游戏。虽然这里是免费参观的，但玩游戏却是要钱的。

C 海运国家历史公园 Maritime National Historical Park

斯坦福大学
Stanford University

　　斯坦福大学是美国著名的私立研究型大学，也是世界公认的最杰出的大学之一。相比美国东部的常春藤盟校，特别是哈佛和耶鲁，斯坦福大学虽然历史较短，但无论是学术水准还是其他方面都能与常春藤名校相抗衡。该校培养了包括惠普、谷歌、雅虎、耐克和 eBay 等公司创始人在内的众多高科技人才、多位诺贝尔奖得主和国会成员。除学术外，斯坦福大学还是美国首家在校园内成立工业园区的大学，推动了加州科技尖端企业、精英云集的硅谷的发展。

斯坦福大学到底有多牛？

　　斯坦福大学被公认为世界上最杰出的大学之一，它在 2015 年—2016 年世界大学学术排名中高居第 2，泰晤士高等教育世界大学排名中位列第 3，USNEWS 世界大学排名中位列第 4。斯坦福大学也是世界上资产最多的大学之一，学校图书馆藏有超过 670 万本书籍及 4 万多本期刊。它还培养了众多高科技产业的领导者，包括惠普、谷歌、雅虎及 eBay 等公司的创办人，校友涵盖 30 名富豪企业家及 17 名太空员，亦为培养最多美国国会成员的院校之一。

Stanford is ranked[1] 4th among[2] U.S national[3] universities[4] for 2016 by U.S. News and World Report.

1. rank /ræŋk/ *vt.* 排名
2. among /əˈmʌŋ/ *prep.* 在……中间
3. national /ˈnæʃnəl/ *adj.* 国家的
4. university /juːnɪˈvɜːsəti/ *n.* 大学

斯坦福

出了位太空"花木兰"？

斯坦福大学培养了许多宇航员，其中最特别的要数莎莉·赖德，她是美国第一批女宇航员，获得过斯坦福大学的物理、英语硕士学位和天体物理学博士学位。1983年6月18日，随着火箭的轰鸣声，32岁的赖德乘坐"挑战者号"航天飞机进入浩瀚的太空，成为美国第一位、世界第三位进入太空的女宇航员。次年她与另一名女航天员结伴，乘"挑战者"号航天飞机再度升空。

Sally Ride, an American physicist[1] and astronaut[2], joined NASA[3] in 1978 and became the first American woman in space in 1983.

1. physicist /ˈfɪzɪsɪst/ n. 物理学家　　　　2. astronaut /ˈæstrənɔːt/ n. 宇航员
3. NASA 美国国家宇航局（National Aeronautics and Space Administration）

"硅谷"是怎样炼成的?

二战后,斯坦福大学工程学院院长特曼教授决定在校园创办工业园区,将学校的土地以低廉的价格租给当时的高科技公司,并与这些高科技公司合作,为斯坦福的学生提供各种研究项目和实习机会。随着越来越多的企业云集在工业园内,斯坦福所提供的土地就无法容纳这些企业了。于是它们不断向外发展扩张,最后便形成了精英云集的"硅谷"。从此斯坦福大学也就成了硅谷的核心,特曼教授也被称为"硅谷之父"。

Following World War II, Provost[1] Frederick Terman supported faculty[2] and graduates' entrepreneurialism[3] to build self-sufficient[4] local industry in what would later be known as Silicon Valley[5].

1. provost /ˈprɒvəst/ n. 院长
2. faculty /ˈfæklti/ n. 全体教员
3. entrepreneurialism /ˌɒntrəprəˈnɜːriəlɪzəm/ n. 企业家
4. self-sufficient /ˈselfsəˈfiʃənt/ adj. 自给自足的
5. Silicon Valley 硅谷

27

斯坦福小子靠 538 美元起家？

　　斯坦福大学也培养了众多高科技产品的领导者及富有创业精神的人才，其中比较著名的要数惠普公司的创办人：威廉·休利特和戴维·帕卡德。休利特在斯坦福求学期间结识了帕卡德并与之成为了挚友，在特曼教授学术和资金等各方面的帮助下，以仅有的 538 美元流动资金，与帕卡德合伙注册了名为"休利特—帕卡德公司"，即后来著名的惠普公司。

Hewlett attended[1] undergraduate[2] classes taught by Fred Terman at Stanford and became acquainted[3] with David Packard.

1. attend /əˈtend/ *vt.* 上（学），参加　　2. undergraduate /ˌʌndəˈgrædʒuət/ *n.* 大学本科生
3. acquainted /əˈkweɪntɪd/ *adj.* 相识的

胡佛与斯坦福有什么关系?

美国第31任总统赫伯特·胡佛是斯坦福大学的第一届毕业生。他在一战时亲眼见证了战争造成的危害,意识到教育后代了解战争、革命与和平的历史知识的重要性。战后,他将自己收集到的与一战相关的历史资料和文件献给了自己的母校斯坦福大学,目的在于成立一个"战争、革命与和平"图书馆。斯坦福大学为纪念胡佛对学校做出的贡献,建立了胡佛纪念塔,该塔于大学50周年之际建成,用于收藏胡佛收集的历史档案。

Hoover Tower houses[1] the Hoover Institution Library and Archives[2], an archive[3] collection[4] founded by Herbert Hoover[5] before he became President of the United States.

1. house /haʊz/ *vt.* 容纳
2. Hoover Institution Library and Archives 胡佛研究所图书馆和档案馆
3. archive /ˈɑːkaɪv/ *n.* 档案文件,档案室　　　　4. collection /kəˈlekʃn/ *n.* 收藏
5. Herbert Hoover 赫伯特·胡佛（美国第31任总统）

斯坦福建校竟有这样一段历史?

斯坦福大学,全名小利兰·斯坦福大学,是时任加州州长的铁路富豪利兰·斯坦福及其妻子简为纪念他们的儿子小斯坦福而建。他们的爱子随父母外出旅行时不幸染上风寒逝世。斯坦福夫妇悲痛欲绝,打算捐出大笔钱,建立一个以爱子的名字来命名的机构,以造福加州的青少年。他们拿不定主意建什么机构,在听取多方意见后,决定建一所大学,并将自己名下的农场拿出来作为学校的校园。

Stanford was founded[1] by Leland Stanford, a railroad magnate[2], U.S. senator[3], and former California governor[4], together with his wife, Jane Lathrop Stanford.

1. found /faʊnd/ vt. 建立,创办
2. magnate /ˈmæɡneɪt/ n. 富豪
3. senator /ˈsenətə(r)/ n. 议员
4. governor /ˈɡʌvənə(r)/ n. 州长

斯坦福的成功离不开一个女人！

斯坦福大学建校之初困难重重，特别是老斯坦福逝世后，他的财产被冻结了，学校面临严重的资金问题。在这样艰难的情况下，斯坦福夫人并没有打算停办学校，仍竭力维持学校的运转。她卖掉了自己的铁路股票，将1100万美元转给大学董事会。六年后老斯坦福的资金冻结彻底解除，斯坦福大学终于度过了危机。当时的斯坦福大学校长戴维·乔丹说："这所大学的生死命运，千钧一发全系于一位善良夫人的爱。"

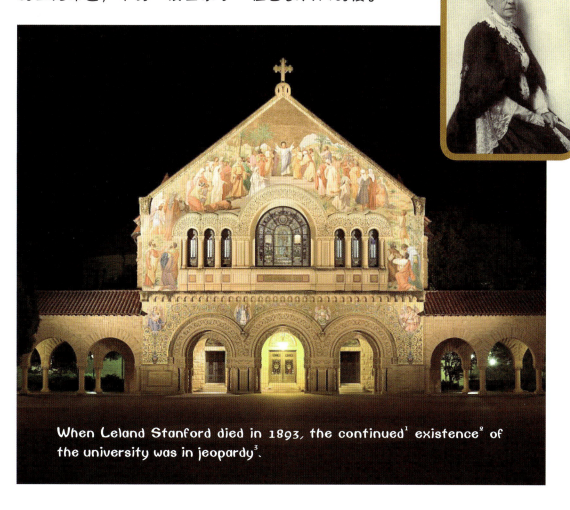

When Leland Stanford died in 1893, the continued[1] existence[2] of the university was in jeopardy[3].

1. continued /kən'tɪnjuːd/ *adj.* 持久的 2. existence /ɪg'zɪstəns/ *n.* 存在，生存
3. jeopardy /'dʒepədi/ *n.* 危险

Exercise
练习 历史
History

（答案见第 107 页）

你的一位小伙伴在游玩中误闯入斯坦福大学传说中的魔法岛，一位巫师抓住了他，想要救出同伴就必须过"五关"斩"六将"。请完成以下三道历史通关题，解救你的小伙伴吧！

1 关卡解锁

下面哪一个是斯坦福大学的校徽？

 A B  C

斯坦福大学的校徽上有棵巨大的红杉，上面还用德语写着大学的校训："Die Luft der Freiheit weht"（自由之风劲吹）。

2 关卡解锁

斯坦福大学培养了众多政治及商业领域的人才，包括美国第 31 任总统胡佛 (Hoover) 及惠普 (HP)、谷歌 (Google)、易趣 (eBay) 等公司的创始人。

下列哪位未曾就读过斯坦福大学？

A 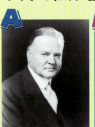 B  C

3 关卡解锁

特曼教授被称为？
A、"硅谷之父"
B、"斯坦福之父"
C、"硅神"

1951 年，斯坦福大学的弗雷德里克·特曼 (Frederick Terman) 教授建议将校园的空闲地租给斯坦福校友，之后这里逐渐发展成为今天的硅谷 (Silicon Valley)。

地标性建筑物
Landmarks

（答案见第 107 页）

斯坦福大学的许多建筑都有着各种各样的来历与故事，小伙伴们，经过前面的学习，相信你们一定能找出与以下三个建筑相关的人物！

胡佛塔
Hoover Tower

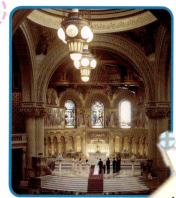

斯坦福纪念教堂 Stanford Memorial Church

加莱义民
The Burghers of Calais

A

简·斯坦福
Jane Stanford

B

奥古斯特·罗丹
Auguste Rodin

C

赫伯特·胡佛
Herbert Hoover

杰出校友
Notable Alumni

（答案见第107页）

斯坦福大学想建一面名人墙，以鼓励学生向前辈们学习。请将下列斯坦福知名校友的信息补充完整。

   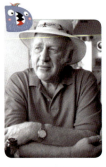 

| Warren Christopher | Ken Kesey | Jerry Yang | Sally Ride | Phil Knight |

姓名 Name	图片 Picture	身份 Identity	领域 Field	成就 Achievements
肯·克西			文学	创作了著名小说《飞越疯人院》（One Flew Over the Cuckoo's Nest）
菲尔·奈特		耐克公司董事长兼总裁		创办了美国耐克体育用品公司
沃伦·克里斯托弗	A	美国第63任国务卿		曾获卡特总统（President Carter）授予的美国文职官员最高奖励"总统自由勋章"
萨莉·赖德			航空	美国第一位进入太空的女宇航员，获冯·布劳恩奖及美国宇航局太空飞行奖章
杨致远		雅虎公司原首席执行官		创建了全球知名互联网公司雅虎

今日感悟
What I Learn Today

令你印象最深刻
的是什么?
What
impress you most?

你学到了什么?
What
do you learn?

你有其他想对你的
父母、老师或者朋
友说的话吗?
Do you have
any other words
you want to say to
your parents
/teachers /friends?

签名:
Signature:

Chapter 4

硅谷
Silicon Valley

　　硅谷位于加利福尼亚州北部、旧金山湾区南部，早期以硅芯片的设计与制造著称，因而得名"硅谷"。硅谷是世界上最重要、最知名的电子工业集中地。自从国际商用机器公司、苹果公司和谷歌公司总部在这里落户后，短短的十几年间，硅谷就出了无数的科技富翁。如今，硅谷已经成为美国乃至全世界资讯科技产业的先锋，是电子工业和计算机业的王国，各类高技术产业都在此蓬勃发展。硅谷一词现在也泛指所有高科技产业。

苹果公司
最初不卖手机？

苹果公司的前首席执政官乔布斯从小迷恋电子学。在 19 岁时，他和朋友沃兹梦想着能够拥有自己的电脑，而当时市面上的电脑笨重且昂贵，于是他们准备自己开发。两个人靠着展销会上买到的芯片装好了第一台电脑。1976 年，他们一起成立了苹果电脑公司。后来苹果开始研发手机。2007 年，乔布斯发布第一代苹果手机，当时苹果的市值才 760 亿美元。而在 2015 年，苹果的市值已突破 7000 亿美元，成为全球市值最高的公司。

史蒂夫·乔布斯 Steve Jobs

Apple Inc.'s world corporate[1] headquarters[2] are located in the middle of Silicon Valley, in California.

1. corporate /ˈkɔːpərət/ adj. 公司的   2. headquarters /ˌhedˈkwɔːtəz/ n. 总部

谷歌竟然是两名学生创立的？

1998年，网络正处于"信息爆炸"时代，唯一的问题是如何去查找信息。此刻，两位名不见经传的学生——佩奇和布林，在斯坦福大学的宿舍里想出了在互联网上寻找信息的方法。随后他们休学，开启 Google 的征程。同年 Google 在硅谷以私营公司的形式成立。Google 在市场竞争中一直处于领先地位，在 2007 年至 2010 年，连续四年蝉联 Brand Z 全球品牌价值榜首。目前 Google 也被公认为全球最大的搜索引擎，在全球范围内拥有无数的用户。

Google Inc. is an American multinational[1] technology[2] company specializing in[3] Internet-related[4] services[5] and products[6].

1. multinational /ˌmʌltiˈnæʃnəl/ *adj.* 跨国公司的   2. technology /tekˈnɒlədʒi/ *n.* 技术
3. specialize in 专门研究……   4. Internet-related 与网络相关的
5. service /ˈsɜːvɪs/ *n.* 服务   6. product /ˈprɒdʌkt/ *n.* 产品

Intel 的名字竟是这么来的?

　　英特尔公司是诺伊斯和摩尔于 1968 年创立的，专门供应芯片。原本他们希望新公司的名称为两人名字的组合——MOORE NOYCE，但这个名字已经被注册了。不得已，他们采取了"INTEGRATED ELECTRONICS（集成电子）"两个单词的缩写为公司名称，英特尔公司便在硅谷落户了。如今英特尔从存储芯片厂商成功转型为全球最大半导体制造商，营收从 19 亿美元上升至 260 亿美元，成功跻身世界最大的科技企业之列！

Two of the original employees[1] of Fairchild Semiconductor, Gordon Moore and Robert Noyce found[2] Intel in Silicon Valley in 1968.

1. employee /ɪmˈplɔiː/ *n.* 雇员　　　　2. found /faʊnd/ *vt.* 创立

硅谷最开始竟是海军军事基地？

　　硅谷位于加州北部、旧金山湾区南部。旧金山湾靠近硅谷的这一片区域起初是美国海军的基地，后来周边出现了一些为海军服务的技术公司。二战后，随着海军基地的业务的转移，这里的海军工程项目也被转移，不过大部分的公司留了下来。因此，现在硅谷仍有许多航空航天企业，包括著名的洛克希德公司，也就是后来的洛克希德·马丁公司。如今，该公司在航空、航天、电子领域均居世界前列，开展的业务遍及全球。

Silicon Valley is located[1] in part of the U.S. state of California known as Northern California.

1. locate /ləʊˈkeɪt/ vt. 位于

有人利用硅谷"中饱私囊"？

斯坦福大学在硅谷的发展中起到了重要作用。当时这里没有民用高科技企业，好的大学虽然多，但学生们毕业之后都跑到别的地方去找工作了。斯坦福大学的特曼教授发现了其中的商机，于是在学校里选了一块很大的空地用于开辟工业园区，允许高技术公司租用作为办公地点，这样既可以解决学生的就业问题，又能赚钱为学校提供财政支持。渐渐地，这里就成为了高科技企业和人才云集的地方。

Stanford University has played a major[1] role in the development[2] of this area.

1. major /ˈmeɪdʒə(r)/ *adj.* 重要的   2. development /dɪˈveləpmənt/ *n.* 发展

"硅谷" 名称竟是这样来的？

　　堂·霍夫勒是《电子新闻》报纸的记者，在 1971 年 1 月 11 日这个很多 1 的日子里，老板要他为临近斯坦福的工业科技园写篇报道。他很苦恼，因为这个破地方连个称呼都没有。心里骂过老板无数次后，他决定自己编一个名字。因为这个地方往好听了说是一片狭长地带，说白了其实就在个山"谷"里面，并且都是一些利用高纯度的"硅"来制造半导体或电脑配件的企业。于是他一拍大腿："这个地方就叫硅谷好了！"

The word "valley" refers to the Santa Clara Valley. The word "silicon" originally[1] referred to the large number of silicon chip[2] innovators[3] and manufacturers[4] in the region.

1. originally /əˈrɪdʒənəli/ adv. 最初
2. chip /tʃɪp/ n. 芯片
3. innovator /ˈɪnəveɪtə(r)/ n. 发明者
4. manufacturer /ˌmænjuˈfæktʃərə(r)/ n. 制造商

Exercise 练习

硅谷名企
Famous Enterprises

（答案见第 108 页）

　　硅谷是高科技企业的摇篮，孕育了许多高科技人才。以下是硅谷的三大名企。请将企业名字、企业主要创始人（其中有两家企业各有两位创始人）以及企业相关简介正确连线。

苹果 (Apple Inc.)	英特尔 (Intel Corporation)	谷歌 (Google)

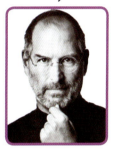   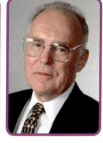 

史蒂夫·乔布斯 Steve Jobs 1955 年—2011 年	罗伯特·诺伊斯 Robert Noyce1927 年— 1990 年	拉里·佩奇 Larry Page 1973 年—	戈登·摩尔 Gordon Moore 1929 年—	谢尔盖·布林 Sergey Brin 1973 年—

开发了全球最大的联网搜索引擎，该搜索引擎目的是整合全球信息，使人人皆可访问并从中受益。

最初以开发电脑起家，现产品主要有 iPhone 智能手机和 iPad 平板电脑；在高科技企业中以创新而闻名世界。

推出了全球第一台微型处理器，使全球步入计算机和互联网革命时代，改变了整个世界。

43

（答案见第 108 页）

老师发起了一场"最强大脑"的挑战赛，要求在 3 秒内扫一遍 APPLE、INTEL 和 GOOGLE 的商标，然后看谁能在最短时间内正确回答下列问题。赶紧揉揉眼睛，做好应战准备吧！

1. 下列哪一项是苹果公司的商标图案？

2. 英特尔公司的商标图案是 _____。

3. 请为谷歌公司的商标涂上正确的颜色。

中美硅谷对比
Comparison

（答案见第 108 页）

中关村位于北京市海淀区，许多高科技公司云集于此，因此有"中国的硅谷"之美誉。请对比"美国的硅谷"和"中国的硅谷"，补全下面的表格。

硅谷

硅谷

	硅谷（Silicon Valley）	中关村（Zhongguancun）
知名企业（Enterprises）	苹果、英特尔、谷歌、雅虎、易趣等	_____（Tencent）、_____（Baidu）、新浪（_____）等
周边著名高校（Universities）	斯坦福大学、圣塔克拉拉大学（Santa Clara University）	_____大学（Tsinghua University）、北京大学（_____）
人群结构（People）	不同国度、种族，人才结构多元化	_____人为主，包括归国留学生
资金来源（Fund）	民间投资	_____投资

中关村

中关村

练习 给自己的一封信
A Letter to Yourself

硅谷被看作是年轻人实现梦想的摇篮，从那里走出了很多年轻的企业家和技术型人才。很多人在 20 出头时便做出了一番成绩。那 20 岁时的你会是什么样呢？请小伙伴开动脑筋，畅想未来，给未来的自己写封信吧！

1 第一段：你梦想自己 20 岁时是一个什么样的人，可以从品德、学业成就、工作情况等方面展开。

2 第二段：自己的优点，目前获过的表扬、奖励和荣誉，为自己实现梦想加油鼓劲。

3 第三段：自我反思现在自己的不足：为了成为自己期望的那种人，哪些地方还需要改正以及应该怎么改正。

4 第四段：希望父母如何监督和支持自己，并表达对父母的爱。

Chapter 5

加州科学馆
California Academy of Science

　　加州科学馆位于加州旧金山，是全球前十的自然历史博物馆、国际领导级的现代自然科学研究中心。加州科学馆内有水族馆、天文馆以及自然历史博物馆，共有数百万件典藏品，其中最受欢迎的展品之一就是该馆的镇馆之宝——白色的鳄鱼。它集教育、展览、研究于一体，除展览外还同时进行十多个不同领域的研究工作。加州科学馆一直致力于鼓励群众参与共同记录和保护地球资源。科学馆自身的设计也注重环保节能，别具匠心，体现了旧金山支持突破性前卫建筑设计的决心。

"镇馆之宝"

竟是个假道具?

加州科学馆内的史坦哈特水族馆中有4万种活体动物，馆内有菲律宾珊瑚礁、沼泽地等景点。沼泽地景点的石头上趴着加州科学馆的"镇馆之宝"——一只活生生的白色鳄鱼。因其常趴着一动不动，所以人们常误以为是橡皮或塑料制作的假道具。白鳄鱼非常稀有且基本没有野生的，它们没有保护色，因而在野外很难逃过捕食者的猎杀。

Steinhart Aquarium is one of the most biodiverse[1] and interactive[2] aquariums in the world, and it is home to nearly 40,000 live animals.

1. biodiverse /ˌbaɪəʊdaɪ'vɜːs/ adj. 生物种类繁多的
2. interactive /ˌɪntər'æktɪv/ adj. 交互式的

天价屋顶到底都有啥？

　　加州科学馆的建筑讲究环保设计，"绿屋顶"是其一大特色。屋顶上种植了 170 万株加州本地植物，这些植物吸收了 90% 的雨水，吸收的雨水用来灌溉及调节室温。此外，屋顶形似小山丘，其中两个山丘布满了圆形窗口，用来采光，馆内 90% 的地方都被自然光覆盖。屋顶四周铺设了 6 万块光电板，直接将光能转换为电能供科学馆使用。据说，整个博物馆造价达 4 亿美元，光屋顶就花费了约 5000 万美元。

The new building is at the forefront¹ of environmentally² friendly design³.

---

1. forefront /ˈfɔːfrʌnt/ *n.* 最前部　　2. environmentally /ɪnˌvaɪrənˈmentəli/ *adv.* 在环境方面地
3. design /dɪˈzaɪn/ *n.* 设计

天文馆究竟有何秘密?

　　加州科学馆内还有个莫瑞森天文馆，它是一个倾斜30度的太空剧场，馆内有世界上最大的数字圆顶屏幕，运用新的数字投影机和软件技术，能够产生最准确的数字化图像。天文馆为观众创造了一个独特的体验空间，让观众身临其境，感觉自己不仅仅是仰视天空，更像是坐在星星中间，这让每一位来到加州科学馆的游客都迫不及待地想要亲身体验一把。

Morrison Planetarium[1] has the world's largest completely digital[2] planetarium dome[3] screen.

1. planetarium /ˌplænɪˈteəriəm/ n. 天文馆　　2. digital /ˈdɪdʒɪtl/ adj. 数字的
3. dome /dəʊm/ n. 圆顶

科学馆里竟展出"活人"？

　　加州科学馆中的"科学项目实验室"很有名，参观者可以通过透明玻璃从外部观察到实验室内部的现实情况。另外科学家的工作台上还有一架摄像机近距离拍摄，这样，实验室内专心开展研究工作的科学家们会像展览品一样通过电视屏幕生动、真实地呈现在玻璃房子外的游客眼前。游客若有问题也可随意询问工作人员，甚至还可到二楼的自然科学中心直接向科学家求解。

The scientists[1] in the Science Project[2] Lab can be viewed[3] doing their work from outside the lab by public[4] visitors[5].

1. scientist /ˈsaɪəntɪst/ *n.* 科学家　　2. project /ˈprɒdʒekt/ *n.* 项目　　3. view /vjuː/ *vt.* 观看
4. public /ˈpʌblɪk/ *adj.* 公众的　　5. visitor /ˈvɪzɪtə(r)/ *n.* 游客

科学馆抵制重男轻女？

　　加州科学馆思想前卫，是世界上最大的自然历史博物馆之一。1853年科学馆刚刚成立，当时科学界普遍认为科学家一般应由男性担任，女人则在家相夫教子。但是加州科学馆任用了多位女性科学家。她们不是简单的抄抄书名、做枯燥的计算，而是真正的参与到科学研究中去。加州科学馆借此向人们传递着一种信号：科学面前男女平等，自然科学的大门向所有人敞开。

The California[1] Academy[2] of Sciences is a natural[3] history museum in San Francisco, California.

1. California /ˌkælɪˈfɔːnjə/ n. 加利福尼亚　　2. academy /əˈkædəmi/ n. 学院，研究院
3. natural /ˈnætʃrəl/ adj. 自然的

科学馆被迫翻修?

1989 年旧金山经历了洛马普列塔地震，加州科学馆因为这场地震损毁严重。为了确保公众安全，加州科学馆闭门重修。人们希望重修后的加州科学馆既要有很强的抗震能力，又要符合现代化的标准，这就意味着旧的科学馆需要彻底翻修。2005 年，即科学馆被地震损毁后的第 6 年，重建工作正式开始，耗时近三年才全部完工。

The Academy buildings were damaged[1] significantly[2] in the 1989 Earthquake, and the rebuilding was completed in 2008.

ɪʒ / vt. 毁坏   2. significantly /sɪgˈnɪfɪkəntli/ adv. 大大地，显著地

53

Exercise
练习

场馆
Venues

（答案见第 109 页）

假如你是馆内新来的宣传小大使，要将几张照片分发给对应场馆的负责人做宣传之用，你能根据馆内的照片将它们发放到位吗！

A

直径 75 英尺的大屏幕
75-foot-diameter Screen

B

标本收藏室
Specimen Collection

C

亚马逊洪溢林
Amazonian Flooded Forest

D

菲律宾珊瑚礁
Philippine Coral Reef

1. 属于金博尔自然历史博物馆（Kimball Natural History Museum）的景点照片是_____
2. 属于莫里森天文馆（Morrison Planetarium）的景点照片是_____
3. 属于奥舍雨林馆（Osher Rainforest）的景点照片是_____
4. 属于史坦哈特水族馆（Steinhart Aquarium）的景点照片是_____

设计特色
Design

（答案见第 109 页）

作为加州科学馆的小导游，你能帮助游客回答下面的疑问吗？

1、加州科学馆屋顶的绿色覆盖物是_____。
A. 各种各样的绿色植物
B. 许多颗绿色宝石
C. 一大块绿色的布

2、特殊设计的屋顶能吸收 90% 的雨水，这些雨水主要用来_____。
A. 灌溉
B. 饮用
C. 洗浴

3、科学馆屋顶四周装有 6 万多个光电管，这些光电管可以将光能（luminous energy）转化为_____。
A. 核能（nuclear power）
B. 电能（electric energy）
C. 风能（wind energy）

Chapter 6

伦巴底街（九曲花街）
Lombard Street

　　伦巴底街，是美国加利福尼亚州旧金山一条特色街道，路面坡度非常陡，据说达到了 40 多度。它原本是一条直线通行街道，很容易发生交通事故。1923 年，市政当局考虑到行车安全，把这段路改成了弯曲迂回的九段以减缓坡度，并在路两侧修筑花坛，在花坛里种满各种名贵的花草，因此伦巴底街又有"九曲花街"之称。九曲花街不仅是旧金山最知名的一条街道，从这里，还可以远眺海湾大桥和科伊特塔，尽情欣赏旧金山的美丽景色。

九曲花街

最开始竟然是直的？

伦巴底街，又名九曲花街，原本是直线双向通行的，但花街太陡，存在严重的交通安全隐患。于是一位居民建议在街道上修建花坛，将花街改建成一条蜿蜒的街道，来减缓沿途的自然坡度，这样既增加了美感，又增加了安全性。随后，这一建议被采纳，同时路面上也铺设了可以增加摩擦力的红砖。建成时，弯道还是双向通行的，但这样造成了交通拥塞，于是被改成了只能下行的道路。

Lombard Street was originally[1] two-way, straight[2] and prone[3] to accidents[4].

1. originally /əˈrɪdʒənəli/ adv. 原本，起初
2. straight /streɪt/ adj. 直的，笔直的
3. prone /prəʊn/ adj. 易于……的
4. accident /ˈæksɪdənt/ n. 事故，意外

奇怪，花街上怎么没有花呢？

为了让车辆减速，旧金山人特意在车道两旁修建了花坛。花坛里种满了花朵，以供游人欣赏。这些花包括春天的绣球、夏天的玫瑰和秋天的菊花。花开时节，远远望去，就像一幅斜挂着的绒绣，美不胜收；"花街"的美名也因此而来。当然，花街并不是一年四季都花团锦簇，冬季的时候，花街上是没有花朵盛开的。

In the spring and through the entire¹ summer, Lombard Street is alive with² color, as the many beautiful flowers are in bloom³.

1. entire /ɪnˈtaɪə(r)/ *adj.* 全部的，整个的 2. be alive with 充满着
3. in bloom 开花，盛开

短短的街道竟有这么多急弯？

九曲花街是旧金山人的骄傲，位于旧金山的心脏。街道横贯海德街和理维沃斯街，弯道大约长600英尺（180米），直线路段长412.5英尺（125.7米）。这条街道虽然不足200米，却有八个急转弯，九条下坡曲道，故得名"九曲花街"。而且这些弯道的弯曲程度大，呈"Z"字形，又为街道赢得了"世界上最弯曲的街道"的美誉。

The eight sharp turns[1] are said to make it the most crooked[2] street in the world, and the sharp turns are curved[3] as 'Z' shape[4].

---

1. sharp turn 急弯，急转弯
2. crooked /'krʊkɪd/ adj. 弯曲的
   ~ved /kɜːvd/ adj. 曲线的
4. shape /ʃeɪp/ n. 形状

司机们很享受"堵车"？

　　由于花街陡峻而弯曲，旧金山市还就车辆行驶做出特殊规定，规定行使车辆必须绕着花坛盘旋行进，不得对花坛造成任何损坏；车速必须减至 5 英里以下，否则会受到相应处罚。几乎每天都有许多车辆在排队等候到九曲花街上开一趟。好不容易排队等到了在花街上行驶，欣赏美景的机会，都巴不得赖着不动，谁又想开快呢！

The 5 mph (8 km/h) speed limit is only slightly[1] faster than you could travel on foot, but still not slow enough to keep hapless[2], distracted[3] drivers out of trouble[4].

1. slightly /'slaɪtli/ adv. 些微的，轻微的
2. hapless /'hæpləs/ adj. 倒霉的
3. distracted /dɪ'stræktɪd/ adj. 注意力不集中的
4. out of trouble 摆脱麻烦

花街 1100 号暗藏秘密？

大文豪史蒂文森是英国浪漫主义作家。他的浪漫冒险小说《沃尔特·斯科特爵士》是最受英国公众喜爱的作品之一。而他的另一部小说《金银岛》，讲述的是寻找海盗宝藏的故事，这本书是最受欢迎的英语儿童书籍之一，经常被改编成电影。史蒂文森生前就住在九曲花街上，现在他的后代们仍然住在花街的1100号。

Past residents[1] of Lombard Street include Robert Louis Stevenson, one of Scotland's[2] best known and most treasured[3] writers.

1. resident /'rezɪdənt/ *n.* 居民   2. Scotland /'skɒtlənd/ *n.* 苏格兰
3. treasured /'treʒə(r)d/ *adj.* 重视的，心爱的

一栋房子，两个门牌号？

　　《真实世界》是MTV（全球音乐电视台）创造的真人秀节目，主要记录一群美国单身青年在一起居住的生活，每一季的拍摄中他们所居住的城市都不一样。在《真实世界》第三季中，他们住在旧金山市伦巴底街949号。关于这一门牌号，许多人认为应该为953号，但该节目的演员科里·墨菲却指出门牌号就是949号。最后发现导致这一差异的原因是该栋建筑的两个入口的门牌号不同。

The cast[1] lived in a house at 949 Lombard Street in San Francisco, California from February[2] 12 to June[3] 19, 1994.

1. cast /kɑːst/ n. 演员阵容
2. February /ˈfebruəri/ n. 二月
3. June /dʒuːn/ n. 六月

Exercise
练习

最弯曲的街道
The Most Crooked Street

（答案见第 109 页）

小朋友们现在对这条街道有一定的了解了吧，看看下面两道题，你能否选对呢？

1

九曲花街为什么要建得如此弯曲？
A. 为了考验司机的开车技术。
B. 为了使街道显得特别。
C. 为了安全起见。
D. 为了让行人晕头转向。

2

九曲花街为什么要铺红砖呢？
A. 以警惕人们该街道很危险。
B. 为了增加摩擦力（friction）。
C. 为了让街道更加好看。
D. 因为红砖最便宜。

63

练习　漂亮的花朵
Beautiful Flowers

（答案见第109页）

九曲花街车道两旁的花坛里种满了花木，非常漂亮。小朋友们认识下面这几种花吗？先将花名补充完整，并将花名与图片配对，然后用彩笔给它们涂上美丽的色彩吧！

A

玫瑰（　　　　）　＿＿＿＿＿

绣球花（Hydrangea）　＿＿＿＿＿

菊花（Chrysanthemum）　B

B

C

Exercise
练习

冬天的花街
The Street in Winter

（答案见第 109 页）

到了冬季，九曲花街上没有什么花，当地居民打算种植一些可以在冬天绽放的花。下面有四种花，你会向他们推荐哪一种呢？

A

荷花
Lotus

B

梅花
Plum Blossom

C

向日葵
Sunflower

D

郁金香
Tulip

今日感悟
What I Learn Today

令你印象最深刻
的是什么?
What
impress you most?

你学到了什么?
What
do you learn?

你有其他想对你的
父母、老师或者朋
友说的话吗?
Do you have
any other words
you want to say to
your parents
/teachers /friends?

签名:
Signature:

Chapter 7

旧金山市政厅
San Francisco City Hall

　　旧金山市政厅是美国旧金山市的政府办公大楼。气派不凡、肃穆辉煌的市政厅大楼总面积达50万平方英尺（4.6万平方米），覆盖了旧金山整整两条市街。市政厅门口两排梧桐树整齐站立着，如同训练有素的士兵为在站岗放哨，显得庄重万分。因其重要的政治地位及和华盛顿国会大厦形状相似的金色大圆顶，旧金山市政厅享有"美国西部的国会大厦"之美誉。

市政厅，真土豪！

市政厅是旧金山市政府的日常办公地点，这座巨型、古典和对称的杰作，浓缩了当时风行的建筑艺术学院式风格。市政厅的圆顶表面镶嵌了一吨重的黄金（可以做 5 万条黄金项链了），可谓名副其实的黄金之屋，内部装潢着法国艺术家的雕塑作品。市政厅前面的大广场有两排法国梧桐，如同训练有素的士兵为市政厅站岗放哨似的，显得庄重万分。

The City Hall is the seat[1] of government[2] for the City and County[3] of San Francisco, California.

1. seat /siːt/ *n.* 场所，所在地
2. government /ˈɡʌvənmənt/ *n.* 政府
3. county /ˈkaʊnti/ *n.* 郡

女神
大爱市政厅？

　　玛丽莲·梦露是美国 20 世纪著名的女演员，凭借精湛的演技曾多次获得金球奖最佳女演员奖。在美国和西方世界，玛丽莲·梦露这个名字几乎是无人不晓的，即使在今天她仍然是大多数美国人心目中的"性感女神"。1954 年 1 月 14 日，玛丽莲·梦露和美国传奇棒球运动员乔·迪马吉奥在旧金山市政厅举行婚礼。当时，市政厅里挤满了记者和摄影者。

Joe DiMaggio and Marilyn Monroe were married[1] at the City Hall in 1954.

1. marry /'mæri/ vt. 结婚

市政厅竟如此开放！

　　2013年6月，美国联邦第9巡回法庭裁决解除加州对同性恋结婚的禁令。当天下午，同性恋者珊蒂·丝蒂儿和克丽丝·蕊在旧金山市政府登记结婚，成为加州同性恋婚姻合法化后首对登记结婚的新人。她们在亲朋好友的簇拥下来到旧金山市政府市长办公室外，在加州检察总长的监督下举行结婚仪式。很多旧金山人闻讯赶到此处，希望见证第一对同性恋者的结婚仪式。

State Attorney General[1] Kamala Harris officiated[2] the very first same-sex marriage[3] in the San Francisco City Hall rotunda[4].

1. State Attorney General 州司法部长
2. officiate /ə'fɪʃɪeɪt/ vt. 主持
3. same-sex marriage 同性婚姻
4. rotunda /rəʊ'tʌndə/ n. 圆形大厅

市政厅挂中国国旗?

　　旧金山第43任市长李孟贤,是华裔美国人,祖籍广东台山。他一直着力促进旧金山市与中国的友好关系。在任职期间,曾多次访华,促进了旧金山与中国之间的合作。2014年10月1日,为了庆祝中华人民共和国成立65周年,李孟贤与中国驻旧金山总领事袁南生在市长办公室露台主持了升挂中国国旗仪式。同时李孟贤还将10月1日命名为"旧金山中美友谊传统日"。

Edwin M. Lee is the first Asian-American[1] mayor in San Francisco history.

1. Asian-American 亚洲裔美国人

市长被杀纯属意外?

　　在莫斯科尼担任市长的第二年,前监察委员会的议员怀特,因承受不了压力辞职。后来却又想重返委员会,但莫斯科尼市长不同意。1978 年 11 月 27 日早晨,怀特携带着枪支,通过地下室的窗户进入了旧金山市政厅。见到市长后,他要求复职,可是被轻率的拒绝。之后他勃然大怒,射杀了市长和当时的议员长米尔克。后来在审判中,怀特极尽狡辩,最终仅被轻判为过失杀人罪,让人难以置信。

Mayor[1] George Moscone and Supervisor[2] Harvey Milk were assassinated[3] there in 1978, by former Supervisor Dan White.

1. mayor /meə(r)/ *n.* 市长
2. supervisor /'suːpəvaɪzə(r)/ *n.* 议员长
3. assassinate /ə'sæsɪneɪt/ *vt.* 刺杀

旧市政厅惨遭抛弃？

　　前面我们所讲的以及大家所看到的其实都是新市政厅，是在 1915 年修建完成的。在这个新市政厅前，还有个旧市政厅，但却在 1906 年的一场 7、8 级地震中被毁了，当时被毁的旧市政厅就只剩圆顶还是完整的。随后，经过讨论，旧金山监察委员会决定新建一座市政厅而不是修复原来的市政厅，以此来象征旧金山从地震和火灾中重生。所以才有了今天金碧辉煌、高端大气的新市政厅。

The original[1] City Hall was destroyed[2] in the 1906 San Francisco earthquake[3].

1. original /əˈrɪdʒənl/ *adj.* 最初的　　2. destroy /dɪˈstrɔɪ/ *vt.* 毁坏
3. earthquake /ˈɜːθkweɪk/ *n.* 地震

外观与特点
Appearance and Features

（答案见第 110 页）

市政厅的外形和国会大厦十分相似，小朋友们能够区分它们吗？

	旧金山市政厅	美国国会大厦
英文名称 (English Name)	_____	United States Capitol
圆顶颜色 (Color of the Dome)	金色	_____
地理位置 (Location)	旧金山	_____
建成时间 (Completed Time)	_____	1800 年
建筑风格 (Architectural Style)	学院式	美国新古典主义风格
用途 (Function)	_____的办公地	美国国会 (United States Congress)所在地；参议院 (Senate) 和众议院 (House of Representatives) 召开会议的场所

旧金山市政厅

美国国会大厦

市政厅的历史
The History

（答案见第 110 页）

为了宣传市政厅，工作人员制作了有关市政厅历史的宣传册，但是排版人员不小心把图片与对应的介绍弄乱了，小朋友们能够为这些图片找到正确的文字介绍吗？

经过 27 年的规划和建造，旧市政厅终于在 1899 完工，耗资约六百万美元。

1906 年，一场地震几乎摧毁整个旧市政厅，只有圆顶 (dome) 还是完整的。

1915 年，新市政厅建成，替代了旧市政厅，象征着旧金山的"浴火重生"。

1951 年，一场大火"袭击"了新市政厅的圆顶。

Chapter 8

艺术宫
Palace of Fine Arts

　　旧金山艺术宫坐落在美国旧金山市北部，原本是为了 1915 年巴拿马太平洋世界博览会而临时建造的。当博览会结束后，艺术宫在旧金山市民的意愿下被保留下来，后来由著名建筑师梅贝克设计与重建。艺术宫内部没有陈设任何艺术品，其艺术就在于建筑本身，古罗马式的宫殿、柱廊、雕像，无一不吸引着人们的视线。如今，这座历经百年的艺术宫已经成为当地的地标性建筑，和整个城市以及市民生活融为一体。

艺术宫
演绎"空城计"?

旧金山艺术宫虽然名为"艺术宫",但建筑物内却没有一件艺术品,其艺术就在于建筑本身。艺术宫以圆形大厅为中心,两旁延伸出由 30 个刻满凹槽的宫殿石柱组成的柱廊,形成圆弧状,围绕着前方的人工湖。人工湖则是模仿欧洲的经典建筑,其广阔的水面像镜子般倒映出艺术宫的模样,可谓是美轮美奂,美不胜收。

Built around a small artificial[1] lagoon[2], the Palace of Fine Arts is composed of[3] a wide, 1,100 ft (340 m) pergola[4] around a central rotunda situated by the water.

1. artificial /ˌɑːtɪˈfɪʃl/ adj. 人造的
2. lagoon /ləˈguːn/ n. 浅湖,环礁湖
3. be composed of 由……组成
4. pergola /ˈpɜːgələ/ n. 荫廊,藤架

77

艺术宫为钱发愁？

　　圆形大厅两侧有着由4根石柱支撑的方形天台。在天台的四角处雕刻着由雕刻家乌尔里希·埃勒胡森创作的垂泪的仙女塑像。总设计师梅贝克原本计划在天台里种植藤蔓，构造仙女们用泪水浇灌藤蔓并期望藤蔓茂盛生长以覆盖她们身体的场景。但由于经费不足，最后在天台内并没有种植任何绿色植物，整个宫殿周围也没有如预期般充满着浪漫的气氛。

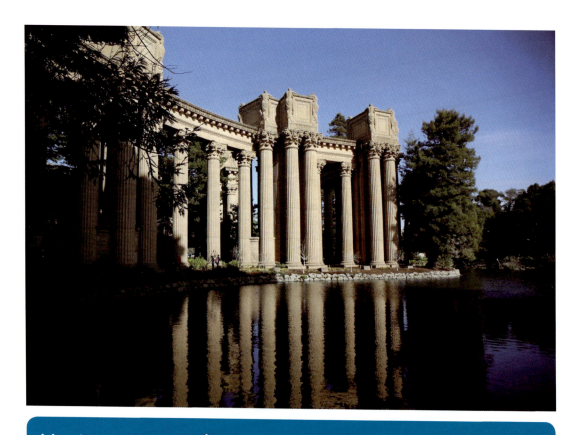

Weeping female figures[1] at each corner[2] of boxes above the colonnade[3] designed to hold plantings "watered by their tears[4]" are by sculptor[5] Ulric Ellerhusen.

1. Weeping Female Figures 垂泪的仙女雕像　　2. corner /'kɔːnə(r)/ *n.* 角落
3. colonnade /ˌkɒlə'neɪd/ *n.* 柱廊　　4. tear /teə(r)/ *n.* 眼泪
5. sculptor /'skʌlptə(r)/ *n.* 雕刻家，雕塑家

它的前身竟是个"临时帐篷"?

1912 年 2 月，为庆贺巴拿马运河即将开通，美国定于三年后，在旧金山市举办"巴拿马太平洋万国博览会"。博览会开展后，总参观人数超过 1800 万，开创了世界历史上博览会参加人数最多的先河。艺术宫就是为了给博览会提供展示场所而建的。在建筑艺术宫时，因考虑到这只是为了举办博览会而建的临时建筑，所以工程师只用了一些简单的建材（石膏及纤维的混合物）来搭建。

Originally intended to[1] only stand[2] for the duration[3] of the Exhibition, the colonnade and rotunda were not built of durable materials[4].

1. intend to 打算做……
2. stand /stænd/ vi. 站立
3. duration /dju'reɪʃn/ n. 期间，持续的时间
4. durable material 耐用材料

茅台酒得金奖靠的是"运气"？

在巴拿马博览会上，中国作为国际博览会的初次参展者，取得了令世界瞩目的成绩，中国的茅台酒更是引起了国外的广泛关注。据说，在博览会上，用土陶罐盛装的茅台酒最开始根本无人问津。就在展会即将结束时，一位中国代表心生一计，佯装失手摔坏了一瓶茅台酒，顿时酒香四溢，一下子吸引了评委们，经反复品尝后，评委们一致认定茅台酒是世界上最好的白酒，于是向茅台酒补发了金奖。

Since awarded[1] Gold Medal at the Panama Pacific International Exposition[2] in 1915, Maotai has received fourteen international gold prizes.

1. award /əˈwɔːd/ vt. 授予　　2. Panama Pacific International Exposition 巴拿马万国博览会

艺术宫也曾当过"钉子户"？

　　博览会结束后，大多数为博览会而建的展馆都被拆除了。然而旧金山居民十分喜爱艺术宫，因此在 1915 年 10 月的"艺术保存日"时，支持保存艺术宫的人士收集了 33,000 个签名，请求政府将艺术宫保留下来，于是原本应该拆除的艺术宫在旧金山居民的请求下保存了下来。之后，艺术宫被交给旧金山艺术协会保养，该协会募集了 35 万美元的资金来修缮艺术宫。

San Francisco's Palace of Fine Arts is one of the few surviving[1] building in the Marina District[2] from the 1915 Panama Pacific International Exposition.

1. surviving /sə'vaɪvɪŋ/ *adj.* 幸存的，继续存在的
2. Marina District 海滨区（旧金山最受欢迎的住宅区之一）

他让艺术宫重现光彩？

　　尽管艺术宫被保存下来，但是它的结构并不坚固。经过多年的侵蚀及不当使用后，艺术宫慢慢地荒芜凋败，最后政府只好围起铁丝网并将艺术宫归为危险建筑。1950 年代，在旧金山慈善家强生率先为艺术宫捐献 200 万美金后，外界也纷纷开始募捐。于是，重建艺术宫的计划正式启动。1962 年，德裔建筑师梅贝克受聘担任总设计师，改用永久性建筑材料重建艺术宫，艺术宫也因此从"临时建筑"变身为"坚固的风景区"。

As a philanthropist[1], Walter S. Johnson[2] is most famous for his 1959 contribution[3] to the preservation[4] of the Palace of Fine Arts.

1. philanthropist /fɪ'lænθrəpɪst/ n. 慈善家
2. Walter S. Johnson 沃尔特·S.·约翰逊（旧金山著名的企业家和慈善家）
3. contribution /ˌkɒntrɪ'bjuːʃn/ n. 捐款　　4. preservation /ˌprezə'veɪʃn/ n. 保留，保护

Exercise 练习 雕像
Statues

（答案见第 111 页）

为了让小朋友们更加了解艺术宫内精美的雕像，工作人员出了一份相关试题：看谁能最快在艺术宫内找到这些雕像并完成下面的习题！

1 数 一 数

在图中建筑的圆顶下面，一共有多少块刻有罗马神话故事的浮雕嵌板？
A. 7 块
B. 8 块
C. 9 块

2 想 一 想

设计者最初是想用"垂泪的少女 (Weeping Female Figures)"的眼泪做什么？
A. 浇灌植物
B. 吸引游客
C. 供游客饮用

3 辨 一 辨

半圆形平台的墙壁上雕刻的是什么？
A. 半裸的女神
B. 罗马士兵
C. 愤怒的小鸟

1915 年巴拿马太平洋万国博览会 （答案见第 111 页）
The 1915 Panama Pacific International Exposition

下列的物品中有些是巴拿马太平洋万国博览会参展的展品，请在横线上将物品的中文或者英文名补充完整，再从中选出当时中国可能参展的展品。

茶叶
_____

汉堡包
_____

china

_____
white spirit

丝绸
_____

中国当时的展品可能是：

white spirit　白酒

1915 年巴拿马万国博览会 中国会馆

优胜美地国家公园
Yosemite National Park

优胜美地国家公园位于加州内华达山脉西麓，占地面积约 1100 平方英里，是美国首个国家公园，1984 年被列入世界自然遗产名录。优胜美地国家公园以其壮观的花岗岩悬崖、雄伟的瀑布、清澈的溪流、高大的巨杉林和丰富的生物多样性闻名于世，每年吸引数以百万的人前来参观游玩。公园内最美丽壮观的自然景观有半圆丘、船长岩、优胜美地瀑布、新娘面纱瀑布等。公园里还可以进行远足和攀登等活动，是户外活动热爱者的天堂。

瀑布里

真的住着女巫吗？

优胜美地国家公园内有北美第一高的优胜美地瀑布，是世上少数有"月虹"（夜间出现的彩虹）的瀑布。相传，瀑布底部住着一群女巫的魂灵。有一次，一位妇女在瀑布底部的水池里挑了一桶水，女巫们认为妇女的行为侵犯了她们的地盘非常生气。为了惩罚这位妇女，女巫将她和她刚出生的孩子，连同房子一起沉到了池底。当然咯，这只是一个传说，池底是没有女巫、妇女和孩子的。

Yosemite Falls is the highest waterfall[1] and a major attraction in Yosemite National Park.

1. waterfall /'wɔːtəfɔːl/ n. 瀑布

"新娘面纱瀑布"竟如此神奇！

　　"新娘面纱"瀑布是游客进入优胜美地山谷看到的第一道瀑布。这道瀑布如同薄纱一样，常被风吹得斜向一边，甚至没到地面就已经被蒸发消散，因此被当地原住民称之为"摇曳在风中的精灵"。这里也流传着一个美丽的传说，如果和爱人一同走到瀑布下方，或是吸到瀑布的水汽，那么大喜之日很快就会到来。

Bridal Veil Fall[1] is one of the most prominent[2] waterfalls in the Yosemite Valley, seen yearly[3] by millions of[4] visitors to Yosemite National Park.

1. Bridal Veil Fall 新娘面纱瀑布
2. prominent /ˈprɒmɪnənt/ adj. 著名的
3. yearly /ˈjɪəli/ adv. 每年，一年一次
4. millions of 成千上万的

游客的食物怎么不翼而飞了？

　　优胜美地国家公园是美国最大、保存最完整的动植物栖息地之一。美洲黑熊是公园内最大的哺乳动物，有 500 多头。美洲黑熊大多在夜间觅食，晚上有的黑熊可能会跑到人类的宿营地来找食物，如果你没把食物藏进营地带链的铁箱里，那么恭喜你，第二天就准备饿肚子吧！此外，在白天，有些胆大的松鼠也会趁着游客打瞌睡时翻游客的背包找零食。

Yosemite is also one of the largest and least fragmented[1] habitat[2] blocks[3], and the park supports a diversity[4] of plants and animals.

1. fragmented /fræg'mentɪd/ *adj.* 不完整的　　2. habitat /'hæbɪtæt/ *n.* 栖息地
3. block /blɒk/ *n.* 区，地区　　4. diversity /daɪ'vɜːsəti/ *n.* 多样性

马车居然能从树中通过？

公园内的马里波萨巨木林有 500 棵年代久远的巨大红木。早期为了吸引游客，公园管理者在树干靠近树根的地方挖洞，让车辆从树洞穿过。

但由于车辆经过会压紧泥土，影响树根吸收养分，造成最终一棵"瓦沃纳树"倒下死掉了，而有一棵"加利福尼亚树"因洞口小得以幸存。今天这些树木都被法律保护，别说挖洞，就是刮树皮、采松果球都是违法的。

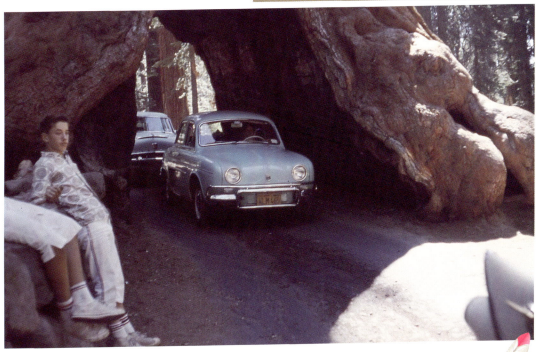

Mariposa Grove[1] is the largest grove of Giant Sequoias[2] in the park.

1. Mariposa Grove 马里波萨林（优胜美地南部一著名景点）
2. Giant Sequoias 巨杉，巨红杉

优胜美地山谷全年开放，并且有各种各样的活动供游客们选择。但是不同的活动进行的时间不一样。春末到秋初的这段时间是背包旅行或骑车游玩的好时候；没有下雪的月份里攀岩爱好者可以一展身手；冬天园内多处道路被封，滑雪之类的冬季运动就成为很多游客的首选。

Yosemite Valley opens all year round[1], and numerous[2] activities are available[3].

1. all year round 一年到头
2. numerous /ˈnjuːmərəs/ adj. 很多的
3. available /əˈveɪləbl/ adj. 可获得的

专家：这怎么可能呢？

优胜美地山谷中的半圆丘是一块半球形的巨大花岗岩山，它其中的一面仿佛被切割过，几乎与地面垂直。岩壁坚硬而光滑，攀登者需要极好的柔韧性、平衡感、技巧以及心理素质。如果脚下一滑，就会摔向岩面，可能造成意外伤亡，因此专家认为它是完全无法攀登之地。然而仅仅5年后就有人成功登顶，而且还是从垂直于地面、表面光滑的那一面攀登上去的。

Half Dome is a granite[1] dome at the eastern end of Yosemite Valley in Yosemite National Park.

---

1. granite /'grænɪt/ n. 花岗岩

"船长峰"跟船长有什么关系?

优胜美地山谷中的"船长峰"也是一块由谷底垂直向上的巨型花岗岩山。它是根据当地印第安人语言中"悬崖"这个词的说法粗略翻译而来，跟船长其实没什么关系。"船长峰"的岩石间几乎没有便于攀爬的缝隙，因而它和半圆丘一样，是世界各地攀岩者眼中的攀岩圣地。

El Capitán is a vertical[1] rock formation[2] in Yosemite National Park, located on the north side of Yosemite Valley.

1. vertical /ˈvɜːtɪkl/ *adj.* 垂直的

2. formation /fɔːˈmeɪʃn/ *n.* 构造

为了吸引更多的游客前来参观游览，优胜美地国家公园出版了一本旅游手册，对公园内有名的景点进行了介绍。但是大家在争相传看时不小心扯掉了几页。你能将介绍文字与景点图片进行配对，帮助大家修复残页吗？

半圆丘 (Half Dome) 是位于优胜美地山谷最东端的一个半球形花岗岩山，它其中一面仿佛被切割过，几乎与地面垂直，岩壁坚硬而光滑。

马里波萨巨杉林（Mariposa Grove of Giant Sequoia）是优胜美地国家公园南边最引人注目的地方，这里大约有 500 棵巨大的红杉，其中许多树木的树龄已超过 2000 年。

新娘面纱瀑布 (Bridal Veil Fall) 是优胜美地山谷最著名的瀑布之一，高 188 米。瀑布从山顶飞流直下，有风的时候，下端的瀑布会随风飘扬，像是新娘的面纱，瀑布因此而得名。

公园内的动物
Animals in the Park

（答案见第111页）

优胜美地国家公园大部分是原生地域，从未被开发，这里是各种动植物的天堂。请将横线处的动物名称补充完整，并根据小框中所给的动物图片，圈出其同类（同属性）动物。

响尾蛇 rattlesnake

美洲黑熊
American black bear

鹰 hawk

鱼 _____

鲸 _____

乌龟 tortoise

骡鹿 mule deer

青蛙 _____

猫头鹰 _____

鳄鱼 crocodile

优胜美地山谷一年 365 天对外开放，游客们可以参加各种各样的活动，如攀岩和滑雪。那么小朋友们知道进行这两项运动需要什么样的装备吗？请将活动与对应的装备进行连线。

手套 gloves

护目镜 goggle

手套 gloves

滑雪杆 ski pole

绳索 rope

登山鞋 climbing shoes

登山用铁锁 carabiner

滑雪板 skis

今日感悟
What I Learn Today

令你印象最深刻
的是什么?
What
impress you most?

你学到了什么?
What
do you learn?

你有其他想对你的
父母、老师或者朋
友说的话吗?
Do you have
any other words
you want to say to
your parents
/teachers /friends?

签名：
Signature：

旧金山费尔蒙特酒店
The Fairmont San Francisco

　　旧金山费尔蒙特酒店是旧金山唯一一处汇集了全部有轨电车线路的地点。酒店建于1906年旧金山大地震之前不久，经历地震后依旧岿然不动，这一奇迹使得这座百年建筑于2007年成为国家历史保护建筑单位。酒店不仅是《联合国宪章》的起草地，孕育了联合国的历史；还充当着历届美国总统下榻旧金山时的临时行宫。由此可见，作为旧金山最高雅和古老的地标之一，酒店不仅有着令人惊叹的华丽装饰，其政治影响力也几乎是整个美国西海岸之最。

酒店里

竟然天天"打雷下雨"？

旧金山著名的费尔蒙特酒店是异国风情酒吧潮流的领跑者。酒店始建时，一楼设有当时美国酒店中的第一个室内奥林匹克标准游泳池。这个游泳池在 1945 年摇身一变，成为可以打雷、闪电和下雨的汤加室 & 飓风酒吧。一进餐厅大门，各类装饰、家具和灯饰就把客人们带入异国的热带环境中。几声雷鸣、闪电后，布帘一样的"雨"开始缓缓下落。不过别担心，雨只会下到水池里，不会淋到客人。

Among the hotel's attractions[1], the Tonga Room & Hurricane Bar[2] is a historic tiki bar[3], which opened in 1945.

1. attraction /əˈtrækʃn/ n. 吸引人的事物，游览胜地
2. Tonga Room & Hurricane Bar 汤加室 & 飓风酒吧
3. tiki bar 夏威夷风情酒吧

酒店里居然还有秘密通道？

费尔蒙特酒店的顶层套房横穿酒店的第八层，公寓的整个圆屋顶用金箔雕饰成各个星座的图案，可谓是旧金山最奢华的酒店套房，每晚售价高达 1.5 万美元。这里还是许多名人政客们的最爱，还接待了自塔夫脱总统以来的所有总统。套房的书房里有一处通往房顶的密道。政治巨头们在入住时若遭监视，则能从此逃往直升机停机坪迅速撤离。

Spanning the entire eighth floor of the historic[1] Fairmont San Francisco boutique hotel[2], the Penthouse Suite[3] offers 6,000 square feet of luxury[4].

1. historic /hɪˈstɒrɪk/ adj. 历史上著名的　　2. boutique hotel 精品酒店
3. the Penthouse Suite 顶楼套房　　4. luxury /ˈlʌkʃəri/ n. 豪华，享受

旧金山的市歌是怎么来的?

托尼·班奈特是美国传奇歌手，坐拥包括终身成就奖在内的 14 项格莱美奖（美国音乐界最重要的奖项之一）。1962 年，班奈特在酒店的威尼斯厅里首次演唱歌曲《我把心留在了旧金山》。经班奈特演唱后，这首歌曲引起了轰动，红遍了整个美国。1969 年，这首歌曲还被选为旧金山的两首市歌之一。每当旧金山巨人棒球队获得主场比赛胜利时，班奈特演唱的这首歌就会在比赛场地响起。

Bennett performed[1] *I left my heart in San Francisco*[2] for the first time in 1962 at the Fairmont Hotel, and it quickly became his signature song[3].

1. perform /pə'fɔːm/ *vt.* 演出，演奏
2. *I Left My Heart in San Francisco* 《我把心留在了旧金山》
3. signature song 成名曲

酒店如何在地震中顽强生存?

1902年，法埃尔姐妹为了纪念她们的父亲拉汉姆·法埃尔，开始在旧金山建造费尔蒙特酒店。1906年，就在酒店快完工的时候，一场大地震席卷而来，旧金山地区的绝大多数建筑都在地震和随后发生的火灾中遭到了严重的破坏，费尔蒙特酒店却只有一小部分结构受到了轻微的毁损。在大地震一周年纪念日时，费尔蒙特酒店正式开始营业，并举行了盛大的庆祝宴会。

The hotel was nearly[1] completed[2] before the 1906 San Francisco earthquake.

1. nearly /ˈnɪəli/ *adv.* 差不多　　2. complete /kəmˈpliːt/ *vt.* 完成

1945 年，这里发生了什么？

　　旧金山费尔蒙特酒店曾经孕育了联合国历史，它如今已成为旧金山的荣耀。来到位于酒店大堂左侧的"花园厅"，你可以看到门口有一块厚重的纪念铜牌，上面简要记叙了 1945 年在这里发生的历史性事件。当时，来自全球 42 个国家和地区的代表们在此齐聚，共同起草《联合国宪章》。当然作为联合国宪章的起草地，此地的政治影响力几乎是整个美国西海岸之最。

The United Nations Charter[1] was drafted[2] in the hotel's Garden Room and a plaque[3] at the hotel memorializes[4] the event.

25 APRIL - 26 JUNE 1945
IN THIS ROOM MET THE CONSULTANTS OF FORTY-TWO NATIONAL ORGANIZATIONS ASSIGNED TO THE UNITED STATES DELEGATION AT THE CONFERENCE ON INTERNATIONAL ORGANIZATION IN WHICH THE UNITED NATIONS CHARTER WAS DRAFTED. THEIR CONTRIBUTION IS PARTICULARLY REFLECTED IN THE CHARTER PROVISIONS FOR HUMAN RIGHTS AND UNITED NATIONS CONSULTATION WITH PRIVATE ORGANIZATIONS.

---

1. the United Nations Charter《联合国宪章》　　2. draft /drɑːft/ vt. 起草

　3. plaque /plæk/ n.（金属或石质的）匾额　　4. memorialize /məˈmɔːriəlaɪz/ vt. 纪念

旧金山又要办博览会了吗？

1915 年，巴拿马万国博览会在旧金山召开，中国民族产业的优秀代表历经艰辛赴美参展，赢得了世界赞誉。当时许多参加博览会的嘉宾就住在旧金山费尔蒙特酒店里。2015 年 1 月 24 日，"重温巴拿马，再创中国梦——1915 巴拿马万国博览会 100 周年"庆典活动在旧金山费尔蒙特酒店举行，中国民族产业的优秀代表重温了中国民族产业的巴拿马记忆。

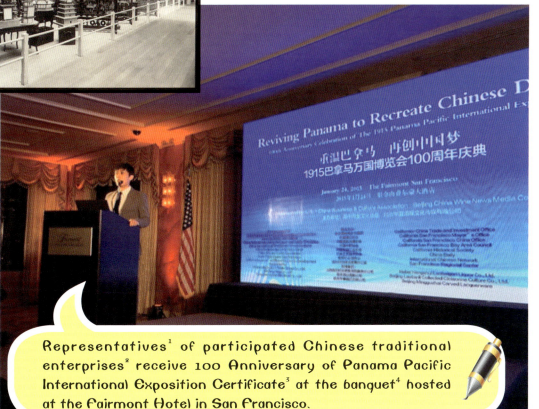

Representatives[1] of participated Chinese traditional enterprises[2] receive 100 Anniversary of Panama Pacific International Exposition Certificate[3] at the banquet[4] hosted at the Fairmont Hotel in San Francisco.

1. representative /ˌreprɪˈzentətɪv/ n. 代表
2. enterprise /ˈentəpraɪz/ n. 企业
3. 100 Anniversary of Panama Pacific International Exposition Certificate
   巴拿马太平洋万国博览会 100 周年证书
4. banquet /ˈbæŋkwɪt/ n. 宴会，盛宴

酒店建筑
Buildings

（答案见第 112 页）

　　旧金山费尔蒙特酒店有两家著名的餐厅酒廊：汤加室 & 飓风酒吧（TONGA ROOM & HURRICANE BAR）和月桂树苑餐厅 & 酒吧（THE LAUREL COURT RESTAURANT & BAR），另外还有一家欧式咖啡厅——琴托咖啡厅（CENTO CAFE）。你能将这三个场所的文字介绍与对应的图片连线吗？

琴托咖啡厅除了特色咖啡，还提供一系列茶、新鲜糕点、早餐和午餐美食。

汤加室 & 飓风酒吧被布置成包括雷电和暴雨的热带环境，供应独特环太平洋亚洲美食，和旧金山最好的迈泰鸡尾。

月桂树苑餐厅 & 酒吧的大厅采用宫殿式设计，提供精品红酒和地道的传统美食。

Exercise
练习 政治影响力
Political Influence

（答案见第 112 页）

旧金山费尔蒙特酒店曾经孕育了联合国历史，它的政治影响力几乎是整个美国西海岸之最的。根据你对酒店政治影响力的了解，完成下面的选择题吧。

 费尔蒙特酒店接待了自塔夫脱总统（President Taft）以来的所有总统。请问，下列哪位总统没有入住过费尔蒙特酒店？

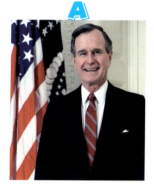   

A	B	C	D
乔治·布什 George Bush	西奥多·罗斯福 Theodore Roosevelt	贝拉克·奥巴马 Barack Obama	约翰·肯尼迪 John Kennedy

 1945 年，包括中国在内的 42 个国家的代表们齐聚酒店的"花园厅"，共同起草了《联合国宪章》（United Nations Charter），当时酒店的门前就挂着这 42 个国家的国旗。你知道当时酒店没有悬挂的国旗是哪一面吗？

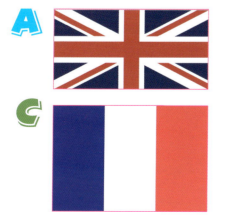

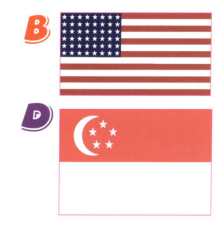

Answers 答案

Chapter 1 金门大桥

外部颜色

AC

桥梁分类

悉尼海港大桥	Sydney Harbour Bridge	（A）
金门大桥	Golden Gate Bridge	（B）
伦敦塔桥桥	London Tower Bridge	（B）
西敏寺/威斯敏斯特跨河大桥	Westminster Bridge	（A）

Chapter 2 渔人码头

美食

1. C   2. B   3. A

39 号码头

①渔船   ②咸   ③胖乎乎   ④驴   ⑤螃蟹   ⑥欢笑   ⑦旋转木马

45 号码头

问题（Questions）	USS/SS	原因（Reasons）
1. 如果上级派给你一项紧急任务，需要尽快赶往目的地，你会选择哪种战舰？	USS	USS 的水面最大速度是 37.50 km/h，而 SS 的最大速度是 20 km/h。
2. 如果上级需要你到水下去侦察敌情，你会选择哪种战舰？	USS	USS 是 潜水艇 类型的战舰，而 SS 是 自由轮。
3. 如果想要击垮敌人的空中战斗机，你会选择哪种战舰？你会利用这艘战舰上的什么武器来击败敌人？	SS	SS 上的厄利康高射炮主要用于攻击飞机、直升机和飞行器等空中目标；而 USS 上的 鱼雷 是一种水中兵器，主要用于攻击水面的舰船和潜艇。

其他景点

1. C   2. B   3. A

历史

1、A　　2、B　　3、A

地标性建筑物

胡佛塔（C）　　　斯坦福纪念教堂（A）　　　加莱义民（B）

杰出校友

姓名 Name	图片 Picture	身份 Identity	领域 Field	成就 Achievements
肯·克西	D	作家	文学	创作了著名小说《飞越疯人院》(One Flew Over the Cuckoo´s Nest)
菲尔·奈特	C	耐克公司董事长兼总裁	商业	创办了美国耐克体育用品公司
沃伦·迈纳·克里斯托弗	A	美国第63任国务卿	政治	曾获卡特总统（President Carter）授予的美国文职官员最高奖励"总统自由勋章"
萨莉·赖德	E	宇航员	航空	美国第一位进入太空的女宇航员，获冯·布劳恩奖及美国宇航局太空飞行奖章
杨致远	B	雅虎公司原首席执行官	商业	创建了全球知名互联网公司雅虎

Chapter 4 硅谷

硅谷名企

苹果 (Apple Inc.)　　　英特尔 (Intel Corporation)　　　谷歌 (Google)

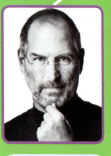

史蒂夫·乔布斯
Steve Jobs
1955 年—2011 年

罗伯特·诺伊斯
Robert
Noyce1927 年—
1990 年

拉里·佩奇
Larry Page
1973 年—

戈登·摩尔
Gordon Moore
1929 年—

谢尔盖·布林
Sergey Brin
1973 年—

开发了全球最大的联网搜索引擎，该搜索引擎目的是整合全球信息，使人人皆可访问并从中受益。

最初以开发电脑起家，现产品主要有 iPhone 智能手机和 iPad 平板电脑；在高科技企业中以创新而闻名世界。

推出了全球第一台微型处理器，使全球步入计算机和互联网革命时代，改变了整个世界。

企业徽标　1、C　　2、C　　3、Google

中美硅谷对比

	硅谷（Silicon Valley）	中关村（Zhongguancun）
知名企业（Enterprises）	苹果、英特尔、谷歌、雅虎、易趣等	腾讯（Tencent）、百度（Baidu）、新浪（Sina）等
周边著名高校（Universities）	斯坦福大学、圣塔克拉拉大学（Santa Clara University）	清华 大学（Tsinghua University）、北京大学（Peking University ）
人群结构（People）	不同国度、种族，人才结构多元化	中国 人为主，包括归国留学生
资金来源（Fund）	民间投资	政府 投资

Chapter 5 加州科学馆

场馆

1. B   2. A   3. C   4. D

设计特色

1. A   2. A   3. B

Chapter 6 伦巴底街（九曲花街）

最弯曲的街道

1. C   2. B

漂亮的花朵

玫瑰（Rose）   C

绣球花（Hydrangea）   A

菊花（Chrysanthemum）   B

冬天的花街

B

外观与特点

	旧金山市政厅	美国国会大厦
英文名称 (English Name)	San Francisco City Hall	United States Capitol
圆顶颜色 (Color of the Dome)	金色	白色
地理位置 (Location)	旧金山	华盛顿哥伦比亚特区 / 华盛顿
建成时间 (Completed Time)	1915 年	1800 年
建筑风格 (Architectural Style)	学院式	美国新古典主义风格
用途 (Function)	旧金山市政府的办公地	美国国会 (United States Congress) 所在地；参议院 (Senate) 和众议院 (House of Representatives) 召开会议的场所

市政厅的历史

经过 27 年的规划和建造，旧市政厅终于在 1899 完工，耗资约六百万美元。

1906 年，一场地震几乎摧毁整个旧市政厅，只有圆顶 (dome) 还是完整的。

1915 年，新市政厅建成，替代了旧市政厅，象征着旧金山的"浴火重生"。

1951 年，一场大火"袭击"了新市政厅的圆顶。

雕像

1. B   2. A   3. A

1915年巴拿马太平洋万国博览会

汉堡包	hamburger
茶叶	tea
瓷器	china
白酒	white spirit
丝绸	silk

中国当时的展品可能是：

| 白酒 white spirit | 茶叶 tea |
| 瓷器 china | 丝绸 silk |

Chapter 9 优胜美地国家公园

有名的景点

半圆丘 B   马里波萨巨杉林 C   新娘面纱瀑布 A

公园内的动物

鱼 fish   青蛙   frog
鲸 whale   猫头鹰 owl
与"美洲黑熊"同类的动物为"鲸"（两   与"乌龟"同类的动物为"鳄鱼"（两
者均为哺乳动物）   者均为爬行动物）

活动

手套 gloves   护目镜 goggle   手套 gloves

滑雪杆 ski pole   绳索 rope

滑雪板 skis

登山鞋 climbing shoes   登山用铁锁 carabiner

酒店建筑

琴托咖啡厅除了特色咖啡，还提供一系列茶、新鲜糕点、早餐和午餐美食。

汤加室 & 飓风酒吧被布置成包括雷电和暴雨的热带环境，供应独特环太平洋亚洲美食，和旧金山最好的迈泰鸡尾。

月桂树苑餐厅 & 酒吧的大厅采用宫殿式设计，提供精品红酒和地道的传统美食。

政治影响力

1. B   2. D

WORD INDEX 单词附录

academy /əˈkædəmi/ n. 学院，研究院

accident /ˈæksɪdənt/ n. 事故，意外

acquainted /əˈkweɪntɪd/ adj. 相识的

alley /ˈæli/ n. 小巷

aquatic /əˈkwætɪk/ adj. 水生的

archive /ˈɑːkaɪv/ n. 档案文件，档案室

artificial /ˌɑːtɪˈfɪʃl/ adj. 人造的

assassinate /əˈsæsɪneɪt/ vt. 刺杀

astronaut /ˈæstrənɔːt/ n. 宇航员

attend /əˈtend/ vt. 上（学），参加

attraction /əˈtrækʃn/ n. 吸引人的事物，游览胜地

available /əˈveɪləbl/ adj. 可获得的

award /əˈwɔːd/ vt. 授予

bakery /ˈbeɪkəri/ n. 面包房

banquet /ˈbæŋkwɪt/ n. 宴会，盛宴

biodiverse /ˌbaɪəʊdaɪˈvɜːs/ adj. 生物种类繁多的

block /blɒk/ n. 区，地区

California /ˌkælɪˈfɔːnjə/ n. 加利福尼亚

captain /ˈkæptɪn/ n. 船长

cast /kɑːst/ n. 演员阵容

chip /tʃɪp/ n. 芯片

collection /kəˈlekʃn/ n. 收藏

colonnade /ˌkɒləˈneɪd/ n. 柱廊

colony /ˈkɒləni/ n. 群居地

complete /kəmˈpliːt/ vt. 完成

construction /kənˈstrʌkʃn/ n. 建筑

continued /kənˈtɪnjuːd/ adj. 持久的

contribution /ˌkɒntrɪˈbjuːʃn/ n. 捐款

corner /ˈkɔːnə(r)/ n. 角落

corporate /ˈkɔːpərət/ adj. 公司的

county /ˈkaʊnti/ n. 郡

credit /ˈkredɪt/ n. 荣誉，赞扬

crooked /ˈkrʊkɪd/ adj. 弯曲的

curved /kɜːvd/ adj. 曲线的

damage /ˈdæmɪdʒ/ vt. 毁坏

delicacy /ˈdelɪkəsi/ n. 美味佳肴

design /dɪˈzaɪn/ n. 设计

destroy /dɪˈstrɔɪ/ vt. 毁坏

development /dɪˈveləpmənt/ n. 发展

digital /ˈdɪdʒɪtl/ adj. 数字的

distracted /dɪˈstræktɪd/ adj. 注意力不集中的

diversity /daɪˈvɜːsəti/ n. 多样性

dome /dəʊm/ n. 圆顶

draft /drɑːft/ vt. 起草

duration /djuˈreɪʃn/ n. 期间，持续的时间

earthquake /ˈɜːθkweɪk/ n. 地震

employee /ɪmˈplɔɪiː/ n. 雇员

engineer /ˌendʒɪˈnɪə(r)/ n. 工程师

enterprise /ˈentəpraɪz/ n. 企业

entire /ɪnˈtaɪə(r)/ adj. 全部的，整个的

entrepreneurialism /ˌɒntrəprəˈnɜːriəlɪzəm/ n. 企业家

environmentally /ɪnˌvaɪrənˈmentəli/ adv. 在环境方面地

establish /ɪˈstæblɪʃ/ vt. 建立

estimate /ˈestɪmeɪt/ vt. 估计

existence /ɪgˈzɪstəns/ n. 存在，生存

experience /ɪkˈspɪəriəns/ n. 体验，经历

faculty /ˈfæklti/ n. 全体教员

famed /feɪmd/ adj. 著名的

February /ˈfebruəri/ n. 二月

forefront /ˈfɔːfrʌnt/ n. 最前部

formal /ˈfɔːml/ adj. 正式的

formation /fɔːˈmeɪʃn/ n. 构造

found /faʊnd/ vt. 创立

fragmented /frægˈmentɪd/ adj. 不完整的

government /ˈgʌvənmənt/ n. 政府

governor /ˈgʌvənə(r)/ n. 州长

granite /ˈgrænɪt/ n. 花岗岩

exclusive /ɪkˈskluːsɪv/ adj. 独有的，专门的

habitat /ˈhæbɪtæt/ n. 栖息地

113

hapless /'hæpləs/ adj. 倒霉的

headquarters /ˌhed'kwɔːtəz/ n. 总部

hire /'haɪə(r)/ vt. 雇用

historic /hɪ'stɒrɪk/ adj. 历史上著名的

house /haʊz/ vt. 容纳

initial /ɪ'nɪʃl/ adj. 最初的

impractical /ɪm'præktɪkl/ adj. 不切实际的，不现实的

innovator /'ɪnəveɪtə(r)/ n. 发明者

interactive /ˌɪntər'æktɪv/ adj. 交互式的

issue /'ɪʃuː/ vt. 发布，发行

jeopardy /'dʒepədi/ n. 危险

June /dʒuːn/ n. 六月

lagoon /lə'guːn/ n. 浅湖，环礁湖

locate /ləʊ'keɪt/ vt. 位于

luxury /'lʌkʃəri/ n. 豪华，享受

magnate /'mægneɪt/ n. 富豪

major /'meɪdʒə(r)/ adj. 重要的

manufacturer /ˌmænju'fæktʃərə(r)/ n. 制造商

marry /'mæri/ vt. 结婚

mayor /meə(r)/ n. 市长

memorialize /mə'mɔːriəlaɪz/ vt. 纪念

multinational /ˌmʌlti'næʃnəl/ adj. 跨国公司的

natural /'nætʃrəl/ adj. 自然的

navy /'neɪvi/ n. 海军

nearly /'nɪəli/ adv. 差不多

numerous /'njuːmərəs/ adj. 很多的

officially /ə'fɪʃəli/ adv. 正式地，官方地

officiate /ə'fɪʃieɪt/ vt. 主持

organize /'ɔːɡənaɪz/ vt. 组织，规划

original /ə'rɪdʒənl/ adj. 最初的

originally /ə'rɪdʒənəli/ adv. 原本，起初

perform /pə'fɔːm/ vt. 演出，演奏

pergola /'pɜːɡələ/ n. 荫廊，藤架

philanthropist /fɪ'lænθrəpɪst/ n. 慈善家

physicist /'fɪzɪsɪst/ n. 物理学家

pier /pɪə(r)/ n. 码头

planetarium /ˌplænɪ'teəriəm/ n. 天文馆

plaque /plæk/ n.（金属或石质的）匾额

pompano /'pɒmpənəʊ/ n. 鲳参鱼

preservation /ˌprezə'veɪʃn/ n. 保留，保护

product /'prɒdʌkt/ n. 产品

project /'prɒdʒekt/ n. 项目

prominent /'prɒmɪnənt/ adj. 著名的

prone /prəʊn/ adj. 易于……的

proposal /prə'pəʊzl/ n. 提议，建议

provost /'prɒvəst/ n. 院长

public /'pʌblɪk/ adj. 公众的

representative /ˌreprɪ'zentətɪv/ n. 代表

residence /'rezɪdəns/ n. 居住，住宅

resident /'rezɪdənt/ n. 居民

rotunda /rəʊ'tʌndə/ n. 圆形大厅

scientist /'saɪəntɪst/ n. 科学家

Scotland /'skɒtlənd/ n. 苏格兰

sculptor /'skʌlptə(r)/ n. 雕刻家，雕塑家

sculpture /'skʌlptʃə(r)/ n. 雕塑品

seat /siːt/ n. 场所，所在地

self-sufficient /'selfsə'fɪʃnt/ adj. 自给自足的

senator /'senətə(r)/ n. 议员

service /'sɜːvɪs/ n. 服务

settle /'setl/ vi. 定居

shape /ʃeɪp/ n. 形状

significantly /sɪɡ'nɪfɪkəntli/ adv. 大大地，显著地

slightly /'slaɪtli/ adv. 些微的，轻微的

sourdough /'saʊədəʊ/ n. 酵母，酸面团

span /spæn/ vt. 跨越

stand /stænd/ vi. 站立

stewardship /'stjuːədʃɪp/ n. 管理工作

straight /streɪt/ adj. 直的，笔直的

submarine /ˌsʌbmə'riːn/ n. 潜艇

suicide /'suːɪsaɪd/ n. 自杀

supervisor /'suːpəvaɪzə(r)/ n. 议员长

surviving /sə'vaɪvɪŋ/ adj. 幸存的，继续存在的

tear /teə(r)/ n. 眼泪

technology /tek'nɒlədʒi/ n. 技术

terrorist /'terərɪst/ n. 恐怖分子

treasured /'treʒə(r)d/ adj. 重视的，心爱的

unacceptable /ʌnək'septəbl/ adj. 不能接受的

undergraduate /ʌndə'ɡrædʒuət/ n. 大学本科生

unique /ju'niːk/ adj. 独一无二的

vermilion /və'mɪliən/ n. 米红，朱红

vertical /'vɜːtɪkl/ adj. 垂直的

view /vjuː/ vt. 观看

visitor /'vɪzɪtə(r)/ n. 游客

waterfall /'wɔːtəfɔːl/ n. 瀑布

yearly /'jɪəli/ adv. 每年，一年一次

读石油版书，获亲情馈赠
《没有我不知道的美国 旧金山篇》意见反馈卡

　　亲爱的读者朋友，首先感谢您阅读我社图书，请您在阅读完本书后填写以下信息。我社将长期开展"读石油版书，获亲情馈赠"活动，凡是关注我社图书并认真填写读者信息反馈卡的朋友都有机会获得亲情馈赠，我们将定期从信息反馈卡中评选出有价值的意见和建议，并为填写这些信息的朋友**免费**赠送一本好书。

1. 您购买本书的动因：书名、封面吸引人□ 内容吸引人□ 版式设计吸引人□
2. 您认为本书的内容：很好□ 较好□ 一般□ 较差□
3. 您认为本书在哪些方面存在缺陷：内容□ 封面□ 装帧设计□
4. 您认为本书的定价：较高□ 适中□ 偏低□
5. 您认为本书最好应附送：MP3 □ CD □ 磁带□ 其他＿＿＿＿＿＿＿＿
6. 您还读过哪些英语课外书？＿＿＿＿＿＿＿＿＿＿＿＿＿＿＿＿＿＿＿＿

7. 您对本书有哪些不满意之处？
＿＿＿＿＿＿＿＿＿＿＿＿＿＿＿＿＿＿＿＿＿＿＿＿＿＿＿＿＿＿＿

8. 您还需要哪些英语课外读物？
＿＿＿＿＿＿＿＿＿＿＿＿＿＿＿＿＿＿＿＿＿＿＿＿＿＿＿＿＿＿＿

9. 您在何处哪个书店购买的本书？
＿＿＿＿＿＿＿＿＿＿＿＿＿＿＿＿＿＿＿＿＿＿＿＿＿＿＿＿＿＿＿

10. 您对本书的综合评价：
＿＿＿＿＿＿＿＿＿＿＿＿＿＿＿＿＿＿＿＿＿＿＿＿＿＿＿＿＿＿＿

您的联系方式：

姓名＿＿＿＿＿＿＿＿＿＿　　邮政编码＿＿＿＿＿＿＿＿＿

地址＿＿＿＿＿＿＿＿＿＿＿＿＿＿＿＿＿＿＿＿＿＿＿＿＿

单位＿＿＿＿＿＿＿＿＿＿　　电话＿＿＿＿＿＿＿＿＿＿＿

手机＿＿＿＿＿＿＿＿＿＿　　E-mail＿＿＿＿＿＿＿＿＿＿

回信请寄：北京，朝阳区，安华西里三区18号楼，石油工业出版社综合楼，1001室
　　　　　尹璐（收）

邮政编码：100011
电子信箱：yinlu007@cnpc.com.cn　　（复印有效）

图书在版编目（CIP）数据

没有我不知道的美国.旧金山篇：汉、英 / 江涛，王丽丽，鲁秘主编.
北京：石油工业出版社，2016.7
（江涛英语）
ISBN 978-7-5183-1332-7

Ⅰ.没…
Ⅱ.①江… ②王… ③鲁…
Ⅲ.①英语–青少年读物 ②旅游指南–旧金山–青少年读物
Ⅳ.H319.4：K

中国版本图书馆CIP数据核字（2016）第133225号

没有我不知道的美国　旧金山篇
主编　江涛　王丽丽　鲁秘

出版发行：石油工业出版社
　　　　　（北京安定门外安华里2区1号　100011）

网　　　址：www.petropub.com
编 辑 部：(010) 64251389　图书营销中心：(010) 64523633
经　　　销：全国新华书店
印　　　刷：北京中石油彩色印刷有限责任公司

2016年7月第1版　2016年7月第1次印刷
787×1092毫米　开本：1/16　印张：8.25
字数：150千字

定　价：39.80元
（如发现印装质量问题，我社图书营销中心负责调换）